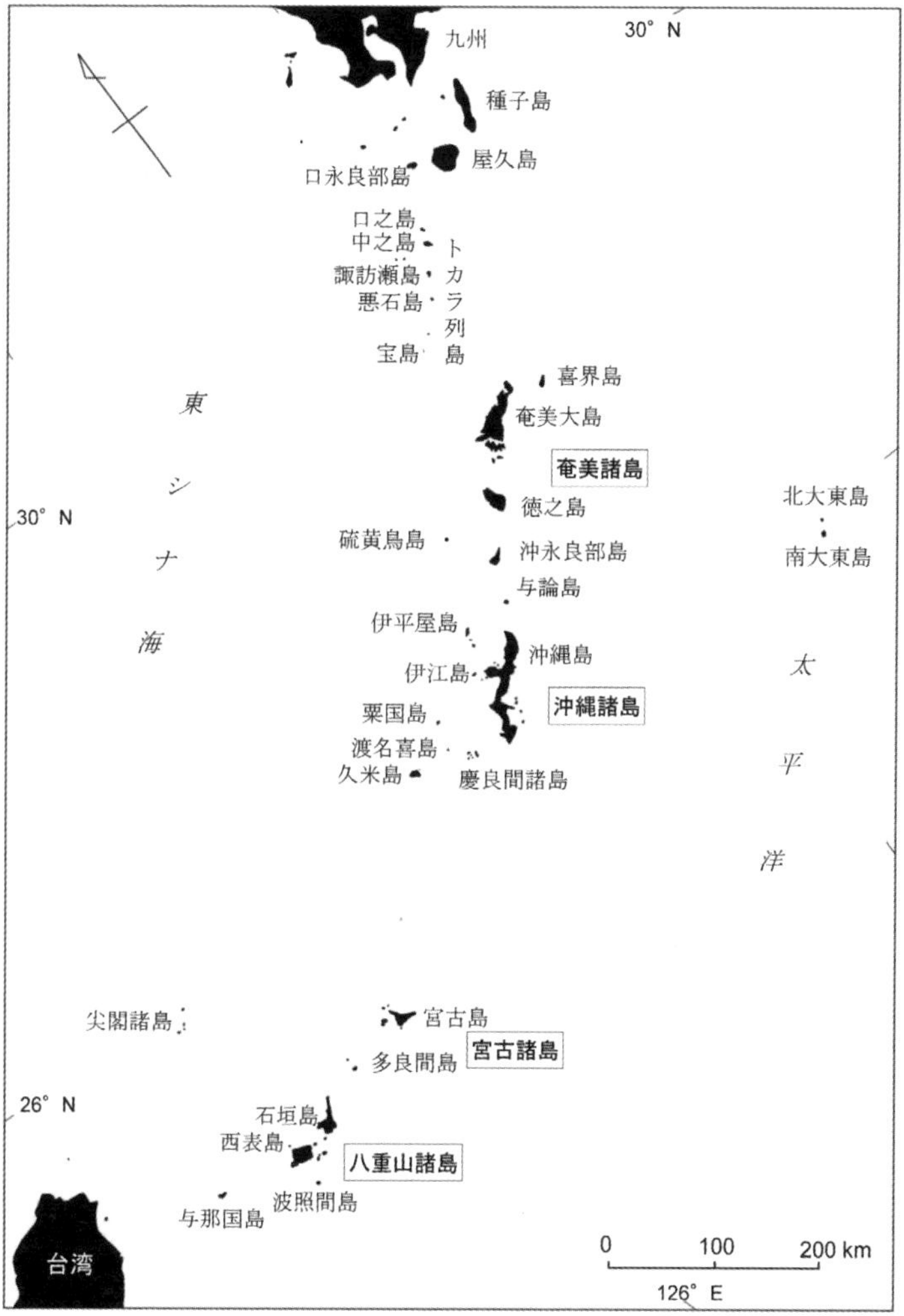
九州
30° N
種子島
屋久島
口永良部島
口之島
中之島
諏訪瀬島
悪石島
宝島
トカラ列島
喜界島
奄美大島
奄美諸島
東シナ海
徳之島
北大東島
南大東島
30° N
硫黄鳥島
沖永良部島
与論島
伊平屋島
沖縄島
伊江島
沖縄諸島
粟国島
渡名喜島
久米島
慶良間諸島
太平洋
尖閣諸島
宮古島
宮古諸島
多良間島
26° N
石垣島
西表島
八重山諸島
波照間島
与那国島
台湾
0
100
200 km
126° E

地図１　奄美諸島の位置

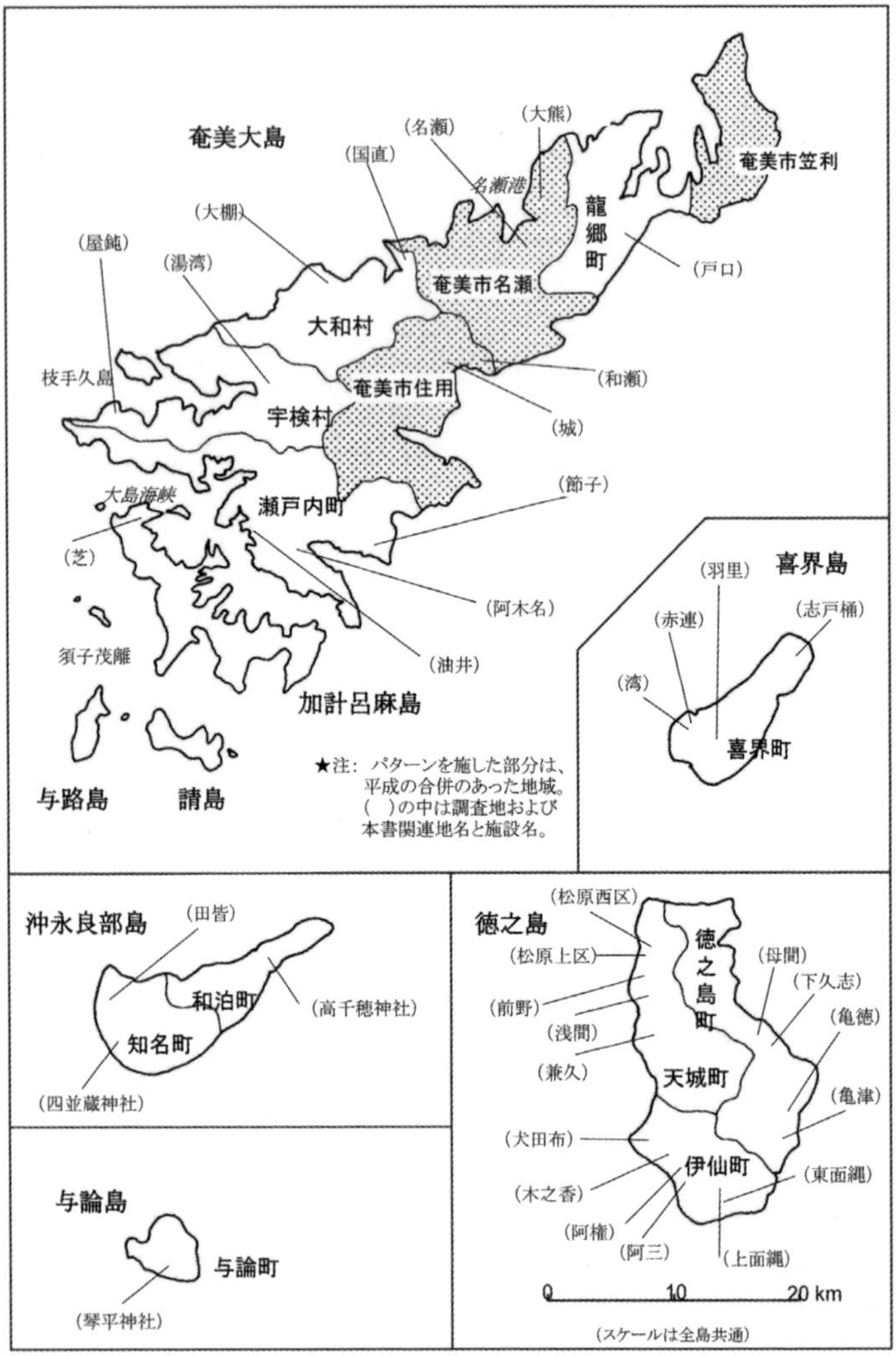
奄美大島
(名瀬)
(大熊)
(国直)
名瀬港
龍郷町
奄美市笠利
(大棚)
(屋鈍)
(湯湾)
奄美市名瀬
(戸口)
大和村
枝手久島
奄美市住用
(和瀬)
宇検村
(城)
(節子)
大島海峡
瀬戸内町
(芝)
(阿木名)
(油井)
須子茂離
加計呂麻島
与路島
請島
★注：パターンを施した部分は、
平成の合併のあった地域。
(　)の中は調査地および
本書関連地名と施設名。
喜界島
(羽里)
(赤連)
(志戸桶)
(湾)
喜界町
沖永良部島
(田皆)
和泊町
(高千穂神社)
知名町
(四並蔵神社)
与論島
与論町
(琴平神社)
徳之島
(松原西区)
(松原上区)
徳之島町
(母間)
(下久志)
(前野)
(浅間)
(亀徳)
(兼久)
天城町
(亀津)
(犬田布)
伊仙町
(東面縄)
(木之香)
(阿権)
(阿三)
(上面縄)
0
10
20 km
(スケールは全島共通)

地図2　調査地その他

奄美の相撲

——その歴史と民俗——

津波　高志

目次

凡例

一、写真や図などは各章ごとに番号をつけた。

一、文中の註の表記は、たとえば「○○である。[*1]」という具合に＊印と数字で示した。

一、註は各章末に付した。

一、引用は、〔著者名　出版年：頁〕で示した。

一、参考文献は巻末にまとめた。

第一章　奄美の相撲

一　沖縄との違い

奄美の町や村を歩いていると、矢倉付きの常設の土俵が目につく。ただ、その状況は奄美全域を通じて必ずしも同じではない。北の島々と南の島々では、その分布に歴然とした濃淡の差が認められる。[*1]

奄美大島・加計呂麻島・請島・与路島などの北奄美では、ほとんど各村落・各集落ごとに常設の土俵があり、地域によってはその立派さをお互いに競い合っているかのようである（写真1・写真2参照）。特に奄美大島においてはそれが顕著で、恐らく日本一土俵の多い島ではないかと思われる。それとは対照的に、徳之島・沖永良部島・与論島などの南奄美では、集落ごとの常設の土俵はごく僅かで、ほとんど無いと言っても過言ではない状況である。それよりは町立の土俵や神社の土俵などが目立つ程度なのである（写真3参照）。

写真１　大和村国直の土俵

写真２　瀬戸内町阿木名の土俵

分布上の濃淡差はあるものの、常設の土俵が集落あるいは町や神社でお決まりの流儀のように設置されている事実を知るだけでも、奄美が相撲の盛んな土地柄であることはよそ者にもよく分かる。しかし、なぜ土俵を必要とする、あるいは土俵の上で取る相撲が盛んなのであろうか。奄美以北の日本的見方からすれば、相撲は土俵の上で取るのが当たり前なのかもしれないが、それより南すなわち沖縄側からすれば、決してそうではないのである。

土俵上で対戦相手と離れて仕切り、土俵外に出すか、土俵内で体の一部でも土につければ勝ちとする相撲は全国的によく知られている。それに対して、全国的には余り知られていない沖縄の相撲は、土俵を設けず、砂の上で、最初から対戦相手の腰に巻かれた帯を掴み、仰向けになるように背中を地面につければ勝ちとする相

写真３　与論町町立の土俵

撲である（写真4・写真5・写真6・写真7参照）。

シマと称されている沖縄の伝統的な相撲を沖縄相撲[*2]と呼ぶならば、それに対置して、全国的に一般的な相撲は何と呼ぶべきであろうか。それについて考えてみたのであるが、なかなか一筋縄ではいかない。何故なら、国内で相撲といえば、普通は大多数の国民に了解されている一種類の相撲しかないからである。その線上で言えば、話は簡単で、相撲は全国的に一般的な相撲で、沖縄の相撲のみ、それと区別して沖縄相撲とすれば良いだけである、ということになるであろう。

しかし、それだと、国内的には通用しても、国際的にはややっこしくなる。何故なら、モンゴル相撲・韓国相撲などに対置されると、単に相撲だけでは済まなくなるからである。その場合、普通は国名を被せて日本相撲と呼ばざるを得ないであろう。仮に、それぞれの国の言葉をそのまま用い、日本のスモウ（ＳＵＭＯＵ）や韓国のシルム（ＳＨＩＲＭＵ）のように区別しても、国の数が多くなると、それも不便極まりないのである。

それは一応おくとして、国内に限定しても、そう簡単ではない。沖縄では沖縄相撲に対置される本土一般の相撲を「江戸相撲」と呼んで区別してきた。民俗レベルの分類としてはそれで良いとしても、研究上の用語として相応しくないことは論を待たないであろう。

そこで、本書の研究対象である奄美の相撲に目を向けてみたい。後に詳しく述べるように、地元の研究者は明治以来、奄美には「大和相撲」と「島相撲」の二種類の相撲があると説明してきた［吉満　一九六四（一八九五）：一二五］。それによれば、「大和相撲」は北奄美における本土一般と同じ相撲で、「島相撲」は南奄美における沖縄と同じ相撲である。

私が現地調査を行ったところ、「島相撲」はシマジマの訳で、「大和相撲」はヤマトゥジマまたはヤマトジマの訳であることが分かった。シマジマは村落を意味するシマと相撲を意味するシマとを結びつけた語であり、本来は「村相撲」とか「我々の相撲」とか訳するのが適当かと思われる。極端にくだけた言い方をすれば、「おらが村の相撲」ということになる。しかし、地元奄美の研究者達によって「島相撲」と訳されてきた経緯があり、またそれは意訳としては理に叶ってもいるので、本書では奄美における沖縄と同じ相撲を指示する語として用いることにしたい。

奄美における島相撲と大和相撲の区別は、基本的には沖縄相撲とそれに対置される全国的に一般的な相撲との区別とも同じである。本書では、取りあえずの国内的な区別として、奄美の研究者に倣って、沖縄相撲に対置される全国一般的な相撲を大和相撲と呼ぶことにしたい。

沖縄でも国体に参加する大和相撲の選手はいるし、相撲部屋への入門を目指して日夜練習に励む若者もいる。しかし、村落ごとの民俗行事・祭事との絡みでは、ほとんど沖縄相撲しか行われていないと言っても過言ではない［長谷川　一九九三：一九七］。つまり、大和相撲と共存しつつ、相変わらず沖縄相撲も盛んに行われているのである。[*3]

相撲関係の組織も二つある。国体競技種目の団体で組織される沖縄県体育協会には大和相撲の沖縄県相撲連盟が加盟している。その一方で、「沖縄県角力協会」も「沖縄角力」の団体として別に組織され、たとえば那覇祭りのような大きなイベントには「沖縄角力」の大会を主催している［宇

写真４　沖縄相撲の開始

写真５　技の掛け合い

写真６　相手の背中をつける

写真７　判定

佐見　二〇〇二：二一八〕。
沖縄のそのような状況とは異なり、今日の奄美では地元の研究者によってかつてその存在が指摘された島相撲はすっかり姿を消してしまった。ただ、最初から組み合うことは組み合うが、その他のルールは全て大和相撲と同じという、沖縄相撲と大和相撲の折衷的な相撲が徳之島の伊仙町木之香では行われている。私が調査した限りでは、それを唯一の例外として、市町村対抗の広域における相撲も、また村落ごとの民俗行事や神社などの祭事における相撲も、まったく大和相撲一色というのが奄美の相撲の現状である。その点が沖縄相撲と大和相撲の共存する沖縄とは明らかに異なるのである。[*4]

二　従来の研究

興味深いことに、研究史を紐解くと、奄美全域が大和相撲一色になったのはさほど古い時代のことではない。戦後じき、昇《のぼり》曙夢は『大奄美史―奄美諸島民俗誌―』を著し、その中で「大島の相撲には琉球風と内地風の二種あって、琉球風は専ら徳之島、沖永良部、与論島に行はれ、大島本島や加計呂麻島では専ら内地風の相撲が行はれる」と述べているのである〔昇　一九四九：五六三〕。昇のいう「大島」とは鹿児島県大島郡のことであり、「大島本島」とは奄美大島のことである。昇に拠れば、少なくとも戦後じきまでは南奄美に「琉球風」の相撲があったのであり、今日のように奄美全域が大和相撲一色になったのは、その後すなわち戦後この方ということになるのである。

昇以外の地元の研究者達は大和相撲一色になる以前の奄美における二種の相撲をどのように理解し、把握していたのであろうか。また、地元以外の研究者達は二種の相撲やその変化などについてどのように捉えてきたのであろうか。手短に整理しておきたい。なお、地元の研究者達の見解は貴重な先行研究なので、重複があっても、そのまま紹介したい。

奄美の相撲について説明した嶹矢は吉満《よしみつ》義志信の『徳之島事情』である。それは明治二八（一八九五）年に執筆された未刊の稿本で、一九六四年、鹿児島大学の原口虎雄助教授（当時）の尽力で名瀬市史編纂委員会から刊行された（吉満については五二頁コラム1も参照のこと）。吉満は奄美の相撲に関して次のように述べている。若干意訳を加え、現代仮名づかいに直して紹介したい。[*5]

相撲には二種あって、一つは大和相撲といい、もう一つは島相撲という。大和相撲は内地一般に行われているものである。島相撲は双方とも腰に帯を巻き、互いにこれをしっかり掴んで勝負を開始し、相手の背中を地につけ、天を仰がすのでなければ、勝負は決しない。そのため、手足身体が地についても勝ち敗けには関係ない。しばらくの間、力を競って非常に疲れを感じても終わることなく、何回も立ち上がって始めからやり直し、終に背中を地面につけて倒れ、腹が天に向いた者を負けとするのである［吉満　一九六四（一八九五）：二五］。

奄美の相撲には大和相撲と島相撲の二種あることを吉満は早くも明治二八年に指摘しているのである。ただ、徳之島で島相撲が行われていることは明確に述べているものの、奄美全体としてどの相撲がどの地域で行われているかについては言及していない。

大正六（一九一七）年の坂井友直『徳之島小史』では、徳之島の相撲に関して「日本一般に行われるものとは其の方法を異にす、即ち双方腰部に帯を纏い、互いにこれを握り占め、然る後或いは背負い投げをなし或いは己の足を以て対手の足を押す等、色々なる手段を施し敵を仰向かせ、背部を確かに地上に接せしむれば勝ちとす、背部を地にし腹部が上にならざれば手足や身体が地に着くとも勝負に関せざるなり」としている［坂井　一九九二（一九一七）：七七］。

坂井は徳之島においては島相撲だけが行われているとし、それについて説明しているのである。内容的には吉満のいう島相撲と同じである。

大正一〇（一九二一）年の坂口徳太郎『奄美大島史』は吉満と坂井の説明を受けて次のように述べている。「大島本島の角力は日本一般に行はるるものと其方法琴なる（異なるの誤りか……筆者）を見ざれども、徳之島、沖永良部島、与論島方面のものは其方法を異にするものあれば、茲に記すこととせり、即ち双方腰部に帯を纏ひ互いに之を握り占め、然る後或は背負投げをなし、或は己の足を以て対手の足を押す等色々なる手段を施し、敵を仰向かせ背部を確かに地上に接せしむれば勝ちとす、背部を地にし腹部が上にならざれば、手足や身体が地に着くとも勝負に関せざるなり、即ち琉球風の角力なり」〔坂口　一九七七（一九二二）：四四九〕。

坂口の説明で注目すべき点は「大島本島の角力は日本一般に行はるるもの」と同じで、徳之島以南は「琉球風の角力なり」とし、地域的な分布を明確にしていること、および「琉球風の角力」という用語を始めて用いていることである。ただし、その説明は坂井の文章をそっくりそのまま用いている。

既に述べたように、昇曙夢は戦後じき、昭和二四（一九四九）年に公にした書において、奄美の相撲には琉球風と内地風の二種あって、その境界は徳之島と加計呂麻島の間にあるとしている。〔昇　一九四九：五六八〕。昇は喜界島については触れていない。しかし、岩倉一郎がその数年前、すなわち昭和一八（一九四三）年に『喜界島年中行事―喜界島調査資料第五―』で、「相撲のことをシマといふ。技法は内地の場合と同様である」と報告しているので〔岩倉　一九四三：五八〕、昇のいう「大島本島や加計呂麻島」に喜界島も加えて良いであろう。

吉満から坂井、坂口、そして昇へと順に見ると、地元の研究者達の間で、奄美には二種の相撲があるとの基本的な認識は、明治以降、戦後じきに至るまで、ずっと一貫してあったのである（昇については六四頁のコラム2も参照のこと）。それに対して、奄美以外の研究者達はどうだったのであろうか。まず、戦前の伊波普猷の見解を取り上げたい。

伊波は、昭和八（一九三三）年、「古琉球の武備を考察して『からて』の発達に及ぶ」と題する論文で、「からて」と「相撲」を対照的に扱っている。その中で「相撲の取組方は沖縄諸島も奄美諸島も共通で、内地のとは趣を異にしている。相撲には慶長以前も慶長以後も変化がなかったと見える」としている［伊波　一九七四（一九三三）：二一二］。伊波によれば、「慶長以前も慶長以後も」、すなわち薩摩によって奄美が琉球王国から切り離され、直接支配される以前も以後も相撲には変化がなく、沖縄と同じ相撲がずっと行われてきた、というのである。

それが誤った見方であることは、奄美の研究者達の一貫した見解に照らせば、一目瞭然である。どうやら伊波は戦前の南奄美における相撲の状況が北奄美でもそっくり同じだと誤解していたようである。その伊波の誤った見方に依拠して、長谷川明は沖縄でも奄美でも古くから同じ相撲が行われてきたと主張している［長谷川　一九九三：一九三］。残念ながら、吉満義志信以来の地元研究者達の見解および奄美における今日の状況については全く触れていないのである。

伊波や長谷川とは異なり、宇佐見隆憲は昇曙夢『大奄美史―奄美諸島民俗誌―』における「琉球風は専ら徳之島、沖永良部、与論島に行はれ」ているとする説明によって、現在形としては徳之島が「沖縄角力の文化領域」として最北端であるとしている［宇佐見　二〇〇二：二一二］。さらに、宇佐見は喜界島でもかつては「沖縄角力」が行われていたとし［宇佐見　二〇〇二：二一三］、また奄美大島でも「全域ではないにしても、一定の地域で」行われていた可能性にも言及している［宇佐見　二〇〇二：二三四］。

過去における可能性は兎も角として、現在形として徳之島以南の三島において「沖縄角力」が行われているわけではない。昇の説明にもかかわらず、今日では「沖縄角力」はまったく影も形も無いないのである。

ざっと従来の研究を振り返ると、現地調査に基づく現在形の研究がいかに重要かということを改めて痛感する。文化は社会の変化に応じて常に変化しているはずなのであり、奄美の文化としての相撲が必ずしも戦後じきの状態のまま存続していると見なすわけにはいかない。また、戦後の南奄美だけでなく、北奄美における相撲の変化についても同様に関心を抱かざるをえないのである。

三　本書の目的

奄美の相撲を他所との比較を可能にする一般的な視点から捉えるとすれば、最も参考になる学問分野はスポーツ人類学であろう。その研究成果を参考にしながら、島相撲や沖縄相撲と大和相撲に関する、より広い視野からの理解を得ることにしたい。その上で、本書の目的について述べることにしたい。

スポーツ人類学はスポーツを文化として捉え、研究する学問の一分野である。日本では極めて新しい分野で、一九九八年に日本スポーツ人類学会が設立されている［宇佐見　二〇〇四：一二］。幸いなことに、スポーツ人類学の世界で相撲は比較的人気のあるトピックである。

寒川恒夫によれば、大和相撲のように最初対戦相手と離れて立ち会い、有利な組み手の駆け引きをしつつ技を掛け合う相撲は「立ち会い相撲」、島相撲や沖縄相撲のように最初から組み合って技を掛け合う相撲は「組み相撲」と分類される。この「立ち会い相撲」と「組み相撲」は「相撲の技術的あるいは身体技法的類型化にとって無視できない問題」で、世界的に見てもどちらが起源であるとか、時間的に後か先かなどと言えないほど古くからあるとのことである［寒川　一九九五：四三―四四］。

また、両者のうち、どちらが地域ごとにより優勢で一般的かという分布状況も世界大規模で大まかに把握されている。アフリカは立ち会い相撲、東アジアと東南アジア大陸部は組み相撲、オセアニアは両タイプの相撲、南北アメリカも両タイプの相撲という具合である［寒川　一九九五：四五］。

それによれば、東アジアでは島相撲や沖縄相撲のような組み相撲が一般的で多数派であり、大和相撲のような立ち会い相撲は少数派に属することになる。つまり、国内とは真逆ということになる。しかも、世界的に見ると、土俵のない相撲の方が一般的であり、相撲とは「土俵のない試合場でおこなう素手組み討ち格闘技のことで、もっぱら投げによって相手を地に倒すのを競うスポーツ」と捉えることも可能だとされている［寒川　一九九五：一〇］。

私が文献で調べた限りでは、ある地域や国において組み相撲から立ち会い相撲へ変わったとか、逆に立ち会い相撲から組み相撲へ変わったとかいった事例は見当たらない。特定のスポーツはそれを生み出した地域や民族の誇りとも深く結びついており、また二種の相撲は身体技法も異なるので、そのことはそれなりに当然のことだと思われる。

さて、奄美の相撲を全体的に歴史的な変化の中で把握するためには、研究史が示しているとおり、戦後じきまで異なる種類の相撲を行っていた北奄美と南奄美に分けて、それぞれを見ていく必要がある。一方は立ち会い相撲、もう一方は組み相撲を行っていたのであるから、どちらか一方だけ見ても、奄美の相撲全体とは言えないのである。

それと同時に、さらにもう一つ、あらかじめ留意すべき点がある。奄美の相撲を広域相撲と集落相撲に分けて把握することである。広域相撲とは奄美大島全島あるいは大島郡全域というように、比較的広範囲の競技大会として行われている相撲のことである。それに対して、集落相撲とは近世の村にほぼ相当し、土地ではムラあるいはブラクなどと称される村落の豊年祭その他の行事において行われている相撲のことである。奄美では一九八〇年代後半以降、行政の指導によって「部落」に取って代わって、「集落」が一般的に用いられ、ほぼ定着している［津波　二〇一〇ａ：六五四］。本書でもそのレベルの相撲に関しては集落相撲の語を一貫して用いることにしたい。

広域相撲と集落相撲は社会的な性格が異なるので、変化の仕方も同一の線上で同一の過程を経るとは限らない。両者のうち、社会変化の影響をより直接的に受けるのは広域相撲である。戦前まで行われていなかった大島郡全域の相撲大会が戦後になって開催されるようになり、それに合わせて全郡に共通する一定のルールが必要となった。さらに、県大会に出場するために、ルールをそれに合わせざるを得なくなった。そのように、大会の規模が大きくなるたびに、地域文化としての相撲を彩ってきた諸要素を変更しながら、変化することを余儀なされてきたのである。本書にいう奄美の相撲の歴史とは、主に広域相撲における近世以降の変化の過程を指している。ただし、集落相撲における変化も等閑視するわけではない。

広域相撲とは対照的に、集落相撲のルールは必ずしも広い範囲で通用しなくても何ら問題はない。肝心なことは村落内の了解である。それさえあれば、広域相撲の変化を後追いしても、またしなくても良いことになる。それが広域相撲のように一線的な変化の過程としては捉えることのできない、地域ごとの複雑な違いを生み出すことになる。それを今日の奄美各地における相撲の民俗として把握したいのである。主として、豊年祭のような行事の場面における集落相撲を取り上げることになる。

奄美の相撲は明治から戦後じきまで島相撲と大和相撲が並存しているとされながらも、今日では島相撲が消滅し、大和相撲だけになっている。その過程を少し時間的に深みのある形で捉えると、どうなるのであろうか。そして、それは今日どのような地域的な違いを生み出しているのであろうか。島相撲と大和相撲のはざまで揺れながら、結局大和相撲一色になった奄美の相撲を、近世以降の歴史と現在形の民俗との両面から浮き彫りにすること、それが本書の目的である。

註

＊1　本書にいう「奄美」とは鹿児島県大島郡と行政的に区分される奄美諸島のことである。本書では

「北奄美」と「南奄美」という語も用いる。それらも北奄美諸島と南奄美諸島の意である。徳之島以南の三島において「奄美」とは奄美大島のみを指す意味合いが強いのは承知しているが、便宜上の使用としてご理解を賜りたい。また、「奄美」に対する「沖縄」は沖縄県のことである。

＊2　シマの訳として、沖縄では「角力」と表記されることが多い。受け取りようによっては、「角力」はシマで、「相撲」はスモウとの意味合いが込められている場合もあるようである。しかし、「角力」も「相撲」もシマの訳語として用いることが可能である。本書では用語の一貫性を保つため、以下「相撲」としたい。ただ、文献の引用に関しては「角力」あるいは「沖縄角力」などとしたい。

＊3　二〇一二年から全国の中学校で武道が体育の授業の中で必修となった。沖縄ではかなり多くの学校が沖縄相撲でその必修化に対応している。伝統文化の継承や教育現場と地域との連携を図る上で、極めて賢い選択であるといえよう。

＊4　沖縄相撲および大和相撲の共存する沖縄という具合に把握するに際しては、一点だけ注意が必要である。沖縄県の南北両大東村では、神社の奉納相撲として最初に土俵上で大和相撲を取り、次にその土俵にブルーシートを敷いて砂を撒き、沖縄相撲を取る。明治初期まで無人島で、その後八丈島民と沖縄の人々が混住することになった両村の歴史からすれば、それもまた当然の成り行きかもしれない。沖縄相撲と大和相撲の共存する沖縄には、そのような例外的な事例も含まれている。なお、南北の大東島における両相撲の共存に関しては、宇佐見隆憲も「資料ならびに、大

東出身の元選手によって確認できた」としている［宇佐見 二〇〇二：二一一］。

＊5 参考までに、原文は次のとおりである。

相撲ニ二種アリテ、一ハ大和相撲ト云ヒ、一ヲ島相撲ト云フ。其大和相撲トハ、内地一般ニ行ハルル処ノモノニシテ、島相撲トハ、双方腰部ニ帯ヲ纏ヒ、互ニ之ヲ握掴シテ背部ヲ地ニシ天ヲ見ザレバ勝負ヲ決セズ。故ニ手足身体ヲ地ニ着クトモ勝負ナケレバ、暫時ノ間勢力ヲ争ヒ頗ル疲労ヲ感ズルモ止ムコトナク、何回トシテ尚起上リ元ノ如ク始リ、終ニ真仰ニ倒レテ服部（腹部の誤りか……筆者）天ニ向ヒタルモノヲ負ケトスルナリ［吉満 一九六四（一八九五）：二五］。

第一部　北奄美の相撲

第二章　土俵までの歩み

一　はじめに

古くから大和相撲を行ってきたとされている北奄美においてさえも、今日のように全国的に一般的な土俵が登場したのはさほど遠い過去のことではない。せいぜい六〇年ほど前のことである。それ以前は「砂」の「土俵」しかなかったのである。したがって、聞き取り調査に際して、土地の人々がドヒョウと言っても、それが今日のような土俵を指すとは限らない。

そこで、以下、混乱を避けるために、片仮名のドヒョウ、括弧付きの「土俵」、括弧の付かない土俵をそれぞれ区別して用いることにしたい。ドヒョウは砂で出来ておろうが、土で出来ておろうが関係なく、土地の人々の口から直接出た言葉、括弧の付かない土俵は一般的な土で出来た土俵のみを指す言葉、「土俵」はそれら両者を含む幅広い用語としたい。

かつての砂のドヒョウから今日の土の土俵までの歩みは、いまだ古老達の記憶にしっかりと焼き付いている。それは集落相撲だけでなく、奄美大島を主な舞台にした戦後の広域相撲でも同じである。

本章では、まず戦後の大島郡全郡規模の広域相撲における土俵までの歩みを見ることにしたい。全郡規模の広域相撲である以上、その歩みは同一の歩調でなければならなかった。したがって、ごく表面的に単純に言えば、それに関しては地域差を考慮する必要はないことになる。

しかし、戦前までは大島郡全域を網羅する広域相撲はなく、戦後になってそれが開始される際の相撲は、もともと北奄美で行われてきた大和相撲であった。島相撲を行ってきた南奄美は北奄美の大和相撲に合わせることになったのである。その経緯を考慮し、戦後の広域相撲は北奄美の相撲として一旦扱い、それに参加することになった南奄美の状況はそれとは別に後ほど述べることにしたい。

二　戦後の広域相撲

二〇一四年三月一日、私は奄美市立博物館の学芸員達による紹介と案内を得て、奄美市住用町城[*1]（グスク）の師玉《しだま》賢二氏宅を尋ねた。師玉氏は戦後じきの大島郡相撲協会主催の市町村対抗全郡相撲大会に旧住用村を代表して参加された経験の持ち主である。戦後じきにおける集落を越えた広域相撲の話者としては打って付けであると学芸員達がわざわざ奄美市役所職員の父親である師玉氏に連絡をつけてくれたのである。[*2]

師玉氏は昭和二年生で、話を伺った時点で数えの八七歳。旧住用村の出身で、役場の職員から収入役となり、三期務めた後、村会議員となり、それも三期務めた。奥様が「ほんとに頑張りました」とおっしゃるほどの職歴を経て、今では悠々自適の毎日である。絶対年代などについては多少曖昧な面はあるものの、実体験に関する記憶は極めて鮮明である。その話を基にして他の地域にも足を運んだ。ここで用いられる戦後の全郡規模の広域相撲に関する資料は、主に師玉氏その他からの聞き取り調査によるものである。

さて、終戦の翌年、昭和二一（一九四六）年、名瀬市[*3]の里原慶寿助役が中心となり、戦後第一回大島郡相撲協会主催の相撲大会が開催された。それは大正九（一九二〇）年に始まり、昭和七（一九三二）年まで続いた「大島角力協会」の「協会角力」を再興するものであった。[*4]戦前の「大島角力協会」は地域的には、奄美大島・加計呂麻島・請島・与路島の四島からなる「大島」[*5]だけの協会で、戦後の「大島郡相撲協会」はその名のとおり大島郡全域の協会であった。

戦後第二回協会相撲は翌年の昭和二二（一九四七）年に古仁屋で開かれた。第三回はそれから八年後の昭和三〇（一九五五）年に再び名瀬で行われた。その三回だけで戦後の協会相撲は取りやめとなった。その理由については後述する。

師玉氏によれば、協会相撲のドヒョウは今日のようなドヒョウとは違っていた。ドヒョウの外枠は土を固めて造られていたものの、俵の円の内側にはかなりの量の砂が入れられていた。その厚さはくるぶしが沈み込むほどであった。砂の下の土は固められていなかった。常設ではなく、相撲大会が開かれるたびに造られた。矢倉も付いていなかったので、雨が降ると砂と泥が混じり、大変だった。

当時の人々は皆それをドヒョウと称していた。今でも「協会相撲の頃のドヒョウは」云々という具合である。混乱を避けながら、説明を行うためには、それを単純に土俵と訳するわけにはいかない。今日の土俵と区別しなければならないので、外枠は土で固められ、俵の内側には砂が入っている「土俵」の意で、「土砂俵」と呼ぶことにしたい。

土砂俵はそこで取る相撲の技や身体技法とも深く関係していた。師玉氏を始め、実際に協会相撲に参加した話者達によれば、「昔式の相撲はもっぱら投げ技だけで、ドヒョウに砂が入っていないと、怖くて取れなかった。押したり、引いたりはほとんどなかった。蹴手繰りとか引き落としとかはたまにあることはあったが、それでもめったになかった」とのことである。つまり、土砂俵は投げ技中心の「昔式の相撲」に合致したドヒョウだったのである。

その土砂俵から今日のような土俵に変わったのは、奄美連合青年団が奄美の各地で開催した「若人の祭典」の一つの行事として挙行した全郡相撲大会（以下、「祭典相撲」と呼ぶ）からである。それは昭和三一（一九五六）年から昭和三五年まで続いた。昭和三一年は沖永良部島の和泊、昭和三二年は徳之島の亀津で開かれ、その後は奄美大島で行われた。昭和三三年古仁屋、昭和三四年名瀬、昭和五五年笠利の順であった。

実際に参加したある話者によれば、祭典相撲の俵の内側は協会相撲のそれとは異なり、しっかりと突き固められていた。くるぶしまで沈み込むほどではないものの、砂を少し撒くことは撒いた。「土が濡れると、足が滑るので、滑り止め程度に撒いた」とされる。祭典相撲でも土俵は常設ではなく、その都度の「特設土俵」で、矢倉はなかった。今日では各地で見られる矢倉付きの常設の土俵は、祭典相撲のさらに後に登場したのである。

祭典相撲が始まった頃には、協会相撲で用いられていた土砂俵は正式な「土俵」ではないと見なされるようになった。本格的に正式にやるのであれば、ちゃんとした土俵に変えなければならないとする考え方が強くなっていた。

また、その頃には徹底して押し相撲を取る者も現れた。それに関しては、大正一五（一九二六）年生で、昭和三〇（一九五五）年の第三回協会相撲で優勝し、昭和三二年まで広域相撲の「横綱」だった山下薫氏から貴重な証言が得られた。二〇一〇年の五月に、宇検村屋鈍のお宅を南海日日新聞の久岡学記者の紹介で訪ね、直接伺ったのである。

山下氏は昭和三三（一九五八）年に古仁屋で開催された祭典相撲で、瀬戸内町出身の「力士」に敗れた。相手は押し相撲が得意で、その引き技に敗れたのである。その「力士」は徹底して押し相撲を貫き、結局、昭和三五年の最後の祭典相撲まで無敗を続けたという。

山下氏の考えによれば、「相撲は掴まえて投げるもので、それ以外は相撲ではない」とのことである。山下氏は自らが理想としない相撲に敗れたことになり、そのことが相当に悔しかったようである。「NHKで実況中継されている相撲も押したり引いたりばかりで、面白くない。それが嫌で、見ない」とも語った。

山下氏のように「昔式の相撲」を取った「力士」には、押したり引いたりの相撲に強い違和感があった。今日でも投げ技中心の相撲を懐かしむ、かつての「力士」達が親睦団体を結成し、一年に一度、名瀬で懇親会を開いている例もある。その「力士」達、およびその「力士」達を応援する者達にとって、最も美しく、すばらしい技は「高倉投げ」であった[*6]（写真1参照）。なお、その写真は昭和二七年、宇検村湯湾の豊年祭で撮影されたものである。

写真1　高倉投げ

三　北奄美の集落相撲

喜界島はまるで「土俵」の博物館のような島である。一般的な土俵はもちろんのこと、広域相撲では姿を消してしまった土砂俵、およびそれらとは異なる「土俵」まで、全て現在形で揃っているのである。[*7]その状況を手がかりにして、今日ではほぼ土の土俵一色になった大島における変化の過程を探ってみたい。[*8]

まず、喜界島における土砂俵と土俵およびその他の「土俵」の順で、一例ずつ紹介したい。喜界町役場の所在する集落、湾（ワン）には常設の土砂俵がある。普段はブルーシートが被せられているので、普通の土俵と区別がつかない（写真2参照）。ところが、それをめくると、俵の内側の土は突き固められていないことが分かる（写真3参照）。使用するたびに、その中に砂を入れる土砂俵である。

湾の東隣りの集落、赤連（アガレン）には常設の土俵がある。矢倉は付いていない（写真4参照）。参考までに、勝敗や格式に拘らない集落相撲の雰囲気が漂う場面も紹介しておきたい（写真5参照）。二〇〇七年に瀬戸内町郷土資料館の町健次郎学芸員によって撮影されたもので、「豊島」と「愛島」の「両横綱」が「大根持ち」と「一升瓶持ち」を従えて四股を踏んでいる様子である。集落相撲ならではの民俗的場面の真骨頂である。

写真２　湾の土砂俵①（外内直氏提供）

写真３　湾の土砂俵②（外内直氏提供）

写真４　赤連の土俵（町健次郎氏提供）

写真５　赤連の土俵入り（町健次郎氏提供）

土砂俵や土俵とは異なるもう一つの形態の「土俵」とは、相撲を取るたびに浜辺から所定の場所に砂を運び、綱やロープを円形に置いて（あるいは半分ほど埋めて）ドヒョウとするものである。湾の東側に位置する集落、羽里（ハザト）のドヒョウを例示しておきたい（写真6参照）。一年に一回、豊年祭にしか相撲は取らないので、普段は雑草が生えている。豊年祭には砂を入れ直して、使用する。

それは外枠は土で固め、俵の内側に砂を入れ込む土砂俵とも明らかに異なる。土地の人々からすれば、当たり前にそれもまたドヒョウなのである。土砂俵と同じように、そのドヒョウも単純に土俵と訳するわけにはいかない。本書ではそれを「砂俵」と呼び、土砂俵や土俵と区別することにしたい。

過去のことになるが、砂俵にはもう一つの別の

写真6　羽里の砂俵（外内直氏提供）

形もあったので注意が必要である。喜界島の最も東北側に位置する志戸桶（シトオケ）ではかつて集落前の浜辺の砂上に丸く綱を置いただけの「土俵」を設え、相撲を取っていた。まさに、字義どおりの砂俵である。平成一三（二〇〇一）年になって、その砂俵から矢倉付きの立派な土俵に変わった。

さて、喜界島における三種の「土俵」を一瞥したところで、大島における「土俵」の変化についても、具体的に事例を上げながら辿っていきたい。旧住用村の和瀬に関しては文献にも登場するので、それから取り上げよう。

和瀬ではかつて集落前の砂浜に円形に綱を置き、その「土俵」で相撲を取った。遠景ではあるが、集落の人々がその「土俵」の周囲に集まり、観戦する風景が『奄美大島住用村和瀬民俗誌』［本田　一九八〇］の口絵写真に収められている。著者によれば、昭和五三（一九七七）年に撮影されたものである。[*9]

貴重な資料なので、本書に収めておきたい（写真7参照）。その書には、写真だけでなく、「土俵」の周囲の「一般席」や「敬老招待席」「執行部準備席」などの配置も図示され［本田　一九八〇：七九］、当時の様子が手に取るように分かる（図1参照）。

和瀬ではかつての志戸桶のように、砂浜に直接「土俵」を造ったのである。昭和六三（一九八八）年、公民館の新築に際して、その砂俵から今日用いられている公民館前の常設の土俵に変わったのである。

写真７　和瀬浜辺の相撲大会

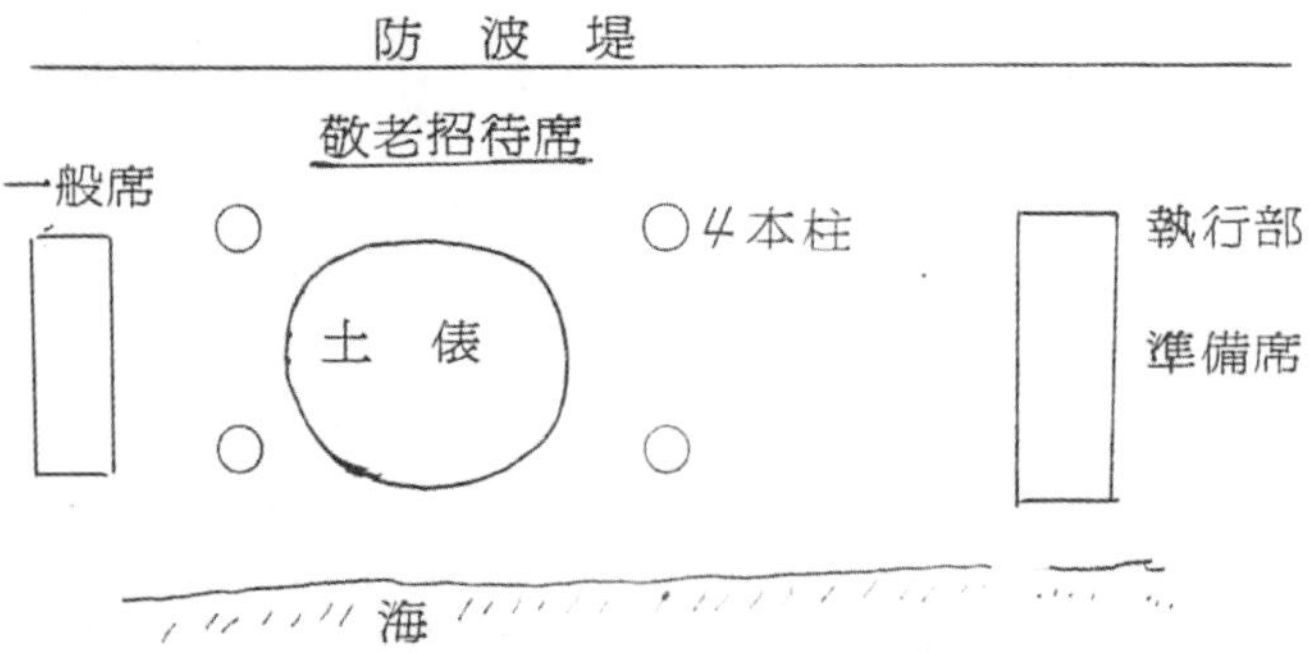

図１　和瀬相撲大会座席配置

広域相撲で土砂俵が用いられていた時期も、また土俵に変わった後も、羽里・志戸桶・和瀬などでは砂俵が用いられていたのである。古老達の話によれば、戦後じき、少なくとも昭和二〇年代の前半頃までの集落相撲では、それらと同じように、全ての集落で砂俵しか用いられていなかったとされている。

ところが、喜界島で羽里の砂俵と湾の土砂俵が並行して同時にあるように、昭和二〇年代の後半頃になると、砂俵をそのまま継続させる集落がある一方で、広域相撲と同じ土砂俵に変えた集落もあった。和瀬の隣の城では、戦後じきは集落内に砂を運んで砂俵を造っていた。その後、昭和二〇年代の後半頃に土砂俵に変わった。今日用いられている土俵はそのさらに後に造られたのである。

旧住用村の城のように、砂俵から土砂俵を経て土俵に変わった事例を宇検村と大和村から一例ずつ上げておきたい。八木橋伸浩・栄和香によれば、戦後じき、昭和二〇年代頃の宇検村における「土俵」の状況は、次のようであった。「通常はただの地面であり、相撲を取る際に砂を入れた叺を並べたり、綱で円を描いたりして土俵とし、中に砂を撒く程度のものであったという」［八木橋・栄　一九九九：四八］。つまり、それは明らかに砂俵であった。

ところが、宇検村湯湾では昭和二〇年代も後半頃になると、砂俵から土砂俵に変わっていた。昭和二七（一九五二）年の豊年祭に撮影された、広い意味で土砂俵と判断される写真が残されているのである[*10]（写真8参照）。

それを見ると、俵の外側は土で固められているものの、内側はそうはなっていない。そこにはおが屑が入れられている。写真を提供して下さった元田信有氏によれば、「本来は浜から砂を運んできて入れるべきであるが、戦後の湯湾では林業が盛んで、おが屑が沢山あったので、代わりに入れた」とのことである。つまり、外枠は土で固め、内側には砂の代わりにおが屑を入れた、広い意味での土砂俵である。十数年前に造られた今日の土俵の前身となる常設の土俵は、その土砂俵を経て昭和三〇年代後半頃にできたとされている。

大和村津名久で昭和三（一九二八）年生まれの男性に聞いた話は次のとおりである。津名久では昭和二〇年代まで豊年祭の前日にティルと呼ばれる籠で婦人達が浜から公民館前の広場に砂を運んだ。戦前だと、木の枝に藁の先端を架け、男三名で太い縄を編んで砂上に円状に置き、ドヒョウを造った。しかし、戦時中すなわち昭和一八、一九年頃から稲藁を直径一〇センチは越える太さになるように縄で縛り、砂に半分埋めてドヒョウとした。その「俵」は土を掘って埋めているわけではないので、十分に固定されておらず、足をかけると動いた。そのため、「剣が峰」を踏まないようにとの申し合わせであった。

砂のドヒョウなので、足もめり込んだ。名瀬などを始めとして、昭和の初め頃はみんな砂のドヒョウだった。普段の練習も砂浜でやっていたので、特に違和感はなく、数センチほど足が砂に沈み込んだ方がかえって安心して取れたくらいである。砂浜で遊びで相撲を取るときには、砂に手でじかにドヒョウの印をつけた。

津名久においても昭和三〇年代初め頃には砂俵から土砂俵に変わった。上述の湯湾と同じ理由

写真８　おが屑を入れた「土砂俵」

写真９　津名久の土俵と公民館

で、「俵」の内側には砂の代わりにおが屑が入れられていた。つまり、協会相撲と同じように、硬い土の上での勝負は危険視されていたのである。連合青年団の祭典相撲から二年遅れて、昭和三三年にそれと同じように「本格的にやろう」ということで、土砂俵から土俵に変えたとされている。

現在、津名久には公民館前の広場に矢倉付きの立派な土俵がある（写真9参照）。普段はブルーシートが被せられている。それが造られたのは昭和四〇年のことである。業者に頼み、一八〇万円かかった。[*11] それ以前の土砂俵や土俵は現在のものほど高さも高くなく、「やかた」もなかった。

砂俵から土砂俵を経て土俵へと変化した事例では、大方、湯湾や津名久のように昭和二〇年代後半頃から三〇年代初め頃にかけて、砂俵から土砂俵に変わった。その後、さらに昭和三〇年代末頃から四〇年代にかけて土俵に変わっていった。

入手しえた資料による限りでは、戦後の北奄美における集落相撲の「土俵」の変化は大まかに次のとおりとなる。すなわち、砂俵から土俵へ変化したもの、砂俵から土砂俵を経て土俵へ変化したもの、および砂俵や土砂俵が土俵に変化せずに、そのまま存続しているものである。

四　おわりに

戦後の広域相撲における「土俵」は、昭和二一年から三〇年までの協会相撲の時期と昭和三一年から三五年までの祭典相撲の時期とでは大きく変わっていた。協会相撲は土砂俵であり、祭典相撲は土俵なのであった。奄美における土俵の始まりは昭和三一（一九五六）年の祭典相撲であり、今年（二〇一八年）から数えると、六二年前のことだったのである。当然、その後の広域相撲では今日までずっと土俵が用いられている。

広域相撲と比べると、北奄美の集落相撲における「土俵」の変化は、出発点から異なっていて、いささか複雑であった。戦後じきは全ての集落相撲において、浜辺の砂の「土俵」か、集落内に運ばれた砂の「土俵」、すなわち砂俵が用いられた。そして、その後の変化は画一的ではなかった。砂俵のまま今日まで継続しているものがあるかと思うと、砂俵から土砂俵に変わり、さらに土俵に変化したものまである。それらの変化を再度整理し、類別化して捉えると、次のとおりとなる。

砂俵継続型：砂俵が今日まで継続しているもの。
土砂俵継続型：砂俵から土砂俵に変わり、それが今日まで継続しているもの。
砂俵変化型：砂俵から土俵へ変化したもの。
土砂俵変化型：砂俵から土砂俵に変わり、それがさらに土俵に変化したもの。

全ての集落における変化を私一人で確認することは物理的に不可能である。地元の方々によって今後とも継続的に報告がなされることを期待したい。類別的な捉え方がその際の参考になれば、幸いである。

広域相撲でも集落相撲でも、砂から土への「土俵」の変化は、単にそれだけの変化ではなく、技や身体技法の変化とも相関連していた点も看過してならないであろう。一方は投げ技を中心にした相撲、もう一方は押しや引きを中心にした相撲だったのである。

註

＊1　弓削政己氏のご教示によれば、城の元々の村落名は金久（カネク）だったが、他にも同名の村落があるので区別するために、明治二〇年に鹿児島県庁によって城に変更された。

＊2　考古学担当の高梨修学芸員と民俗学担当の久伸博学芸員のご配慮によるものである。久氏には師玉氏のお宅まで同行していただいた。両氏に記して感謝申し上げます。

＊3　一九四六年七月一日より、名瀬町は「名瀬市」と名称を変更し、その運営は町村制を適用して実施することとなった。正式に市政が施行されたのは一九五三年一二月二〇日、奄美が日本に復帰してからである［改訂名瀬市誌編纂委員会編　一九九六ａ：六八八―六八九］。

＊4　戦前の「協会相撲」が大正六（一九一七）年に始まり、昭和六（一九三一）年まで続いたとする新聞記事［一九五八年一〇月二〇日付『南海日日新聞』］があるが、それは明らかに誤りである。奄美博物館には「大正九年十一月一日大島角力協会発会取組力士」と記された総勢五〇人余の集合写真が所蔵されている。それに従って、「協会相撲」は大正九（一九二〇）年に「発会」したの

であり、それ以前は何かあったとしても、準備期間と見なすべきであろう。ちなみに、「大島相撲協会で最初に横綱の称号を得てその名を轟かせた山下辰次郎は……大正八年（一九一九）、……協会の相撲に出場し大関の最高位で優勝した。……辰次郎は大正九年には大島相撲協会の初代横綱の位に就いている」［八木橋・栄　一九九九：三九］とする記述もそこらの事情を物語っていると思われる。

戦前の「協会相撲」が昭和七年まで続いたと見る根拠は「日本大観（第百二十九号）南嶋号、昭和七年十月一日発行二〇頁『南島新聞』の欄」による。それには次のとおり報じられている。

昭和七年八月二七日から、三日間に亘り名瀬町御殿濱に挙行された、大島相撲協会主催の全島相撲大会は十年に亘る□□□横綱、山下辰次朗氏引退声明により、果然人気の沸騰を来たし、空前の盛況を呈した。

而して、十年の間、横綱の王座に君臨せる山下辰次朗氏もついに屋鈍の民友則君に敗れ、名誉の優勝旗は大関□九州山（民友則君）へ、関脇□は大砲（福井眞佐君）へ授与された。

＊5　土地の人々が用いる大島には二とおりの意味がある。一つは、大島郡の意である。もう一つは、奄美大島・加計呂麻島・請島・与路島を含む範域を指している。

＊6　写真は二〇一〇年五月に宇検村の元田信有村議会議員（当時）にご提供頂いたものである。

＊7　喜界島の「土俵」に関しては外内直氏から種々のご教示を賜った。記して感謝申し上げると同時に、その経緯についても若干記しておきたい。

私は奄美博物館の依頼を受けて、平成二六（二〇一四）年三月九日に奄美博物館企画展示室特設会場にて「奄美相撲の歴史と文化」と題する講演を行った。その同じ会場で、外内直氏は「現在の喜界島各集落での土俵の様子」と題するパネル展示を行い、参加者からの質問も直接受けた。それを契機にして、外内氏にはいろいろ教えていただいている。本書における喜界島の「土俵」についてはそのパネル展示と後の聞き取りに基づいている。

なお、本書では喜界島で大まかに三種類の「土俵」が認められるとし、一部の事例を上げるに止めている。喜界島では戦後の北奄美における集落相撲の「土俵」が経てきた変化の過程を現在進行形で全て揃えているので、他の島々にはなくて、喜界島にだけあるものの一つとして、今後その詳しい報告が是非とも必要であると思われる。

＊8　「ほぼ土の土俵一色」と全てではなく、「ほぼ」としたのは若干の例外もありうるからである。たとえば、奄美博物館の久伸博学芸員によれば、奄美市小湊では旧暦の八月一五日に、綱を担いで集落内を練り歩く十五夜綱担ぎが行われる。終了後、その綱を浜辺に円形に置き、そこを「土俵」として相撲が行われる。今のところ、それ一例だけであるが、他にも同様の事例があるかも知れない。その可能性は否定しないでおきたい。

＊9　その書の奥付では「編者　本田碩孝」「発行所　住用村教育委員会」となっている。それでは著者がいないことになるので、本田碩孝氏に確かめたところ、「全て私が執筆しました」とのことなので、引用文献では「著者　本田碩孝」「住用村教育委員会編」とした。

＊10　写真1と同じく、二〇一〇年五月に宇検村の元田信有村議会議員（当時）にご提供頂いたものである。

＊11　実測はしていないが、業者に依頼して造った土俵は、高さや一辺の長さ、俵内の直径など、全て全国的な基準どおりになっているとのことである。

コラム1　吉満義志信

吉満義志信は徳之島町亀津の出身。町役場前の銅像を職員の大屋匡史氏に撮影して頂いた。役場の公式サイト「『郷土の先人たち』の紹介」によれば、万延元（1860）年3月28日生まれで、大正7（1918）年10月4日58歳で没した。その事績は次のように紹介されている。

明治19年古仁屋警察署長代理を振り出しに県議、東方、西方、鎮西、亀津、天城、伊仙村の各村で戸長・村長などを歴任。明治20年代から大正中期にかけて地方行政官として活躍した。明治28年に江戸時代から明治中期までの主要な出来事や地図・民俗・衣食住・歴史・統計などが色付き絵図で紹介されている「徳之島事情」をまとめた。

第三章　三本勝負から一本勝負へ

一　はじめに

　広域相撲における土砂俵から土俵への変化の時期には、さらに勝敗の決し方に関する重要なルールの変化も伴った。すなわち、二回相手を倒せば勝ちとする三本勝負から一回だけで勝敗を決するルールに変わったのである。

　土俵以前には、当たり前のように足下には砂があったのと同じように、一本勝負以前は三本勝負こそ勝敗を決する、当たり前すぎるほど当たり前の決まりであった。にもかかわらず、一本勝負に変わったのである。

　本章では、戦後の広域相撲おける三本勝負とは具体的にどのようなものであったのか、また一本勝負への変化は如何になされたのかについて見ていきたい。その上で、集落相撲への影響などについても触れることにしたい。

二　三本勝負

戦後じきの北奄美においては、広域相撲でも、集落相撲でも、二回相手を倒せば勝ちとする三本勝負が行われていた。当時における人々の勝敗の決し方に対する考え方や感じ方は、一本勝負とは相当に異なるものであった。新聞記事と聞き取り調査の資料によって、その点を明らかにしたい。

昭和二二（一九四七）年、古仁屋で開催された第二回協会相撲に関する『奄美タイムス』の記事〔同年一〇月一二日付〕に当たってみたい。その報じ方は、当時の勝敗の決め方について知ることの出来る内容になっている。

興味深いのは、市町村対抗の団体戦の結果を「得点は三番勝負の一点制で中を入れても得点なしとする」とわざわざ断りながら報じている点である（新聞記事1参照）。当時の読者にはそれで十分に理解できる記事であったはずであるが、今日ではその

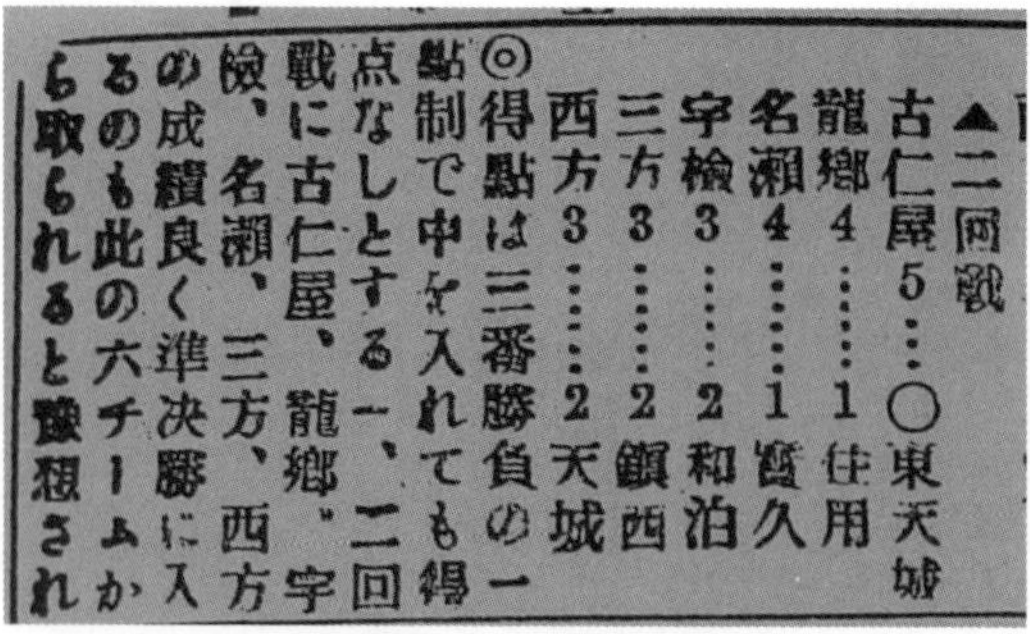
▲二回戰
古仁屋5…〇東天城
龍郷4……1住用
名瀬4……1實久
宇檢3……2和泊
三方3……2鎭西
西方3……2天城
◎得點は三番勝負の一點制で中を入れても得点なしとする」、二回戰に古仁屋、龍郷、宇檢、名瀬、三方、西方の成績良く準決勝に入るのも此の六チームから取られると豫想され

新聞記事1　団体戦の得点

説明にさらに説明が必要である。

団体戦は一チーム五人で、各人が一人の相手と「三番勝負」すなわち三本勝負を行う。「得点は三番勝負の一点制」というのは、三番のうち二番、相手を倒した者が勝者になり、一点を得て、その得点の合計でチームの勝敗を決めるのである。「中を入れても得点なし」というのは、三番のうち、一番だけ勝っても得点にはならないという意味である。

個人戦に関しても三番勝負のルールは同じである。その記事は前日の個人戦の結果も伝えている。上下二段に分け、上段に勝者名、下段に敗者名を記し、「下段氏名に〇印を入れたものは中を入れたもの」、すなわち負けることは負けたが、一番だけは相手を倒した者とわざわざ断っているのである（新聞記事2参照）。

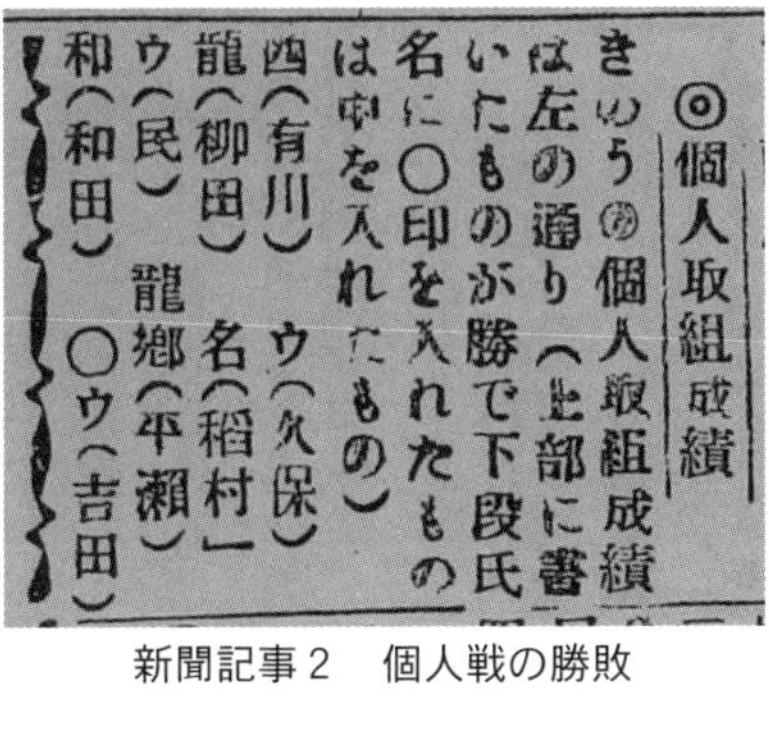

新聞記事2　個人戦の勝敗

◎個人取組成績
きのうの個人取組成績
は左の通り（上部に書
いたものが勝で下段氏
名に〇印を入れたもの
は中を入れたもの）
西（有川）　ウ（久保）
龍（柳田）　名（稲村）
ウ（民）　龍郷（平瀬）
和（和田）　〇ウ（吉田）

それらによって、協会相撲の勝敗の決め方は三本勝負で、二回相手を倒した者を勝者とするルールであったことが分かる。と同時に、敗者でも、二回連続負けたのか、一回は勝ったのかという点に相当なこだわりを示していることも分かる。何故、そうこだわるのであろうか。

昭和三（一九二八）年生で、相撲好きな大和村の男性にその点を尋ねてみた。「中を入れたというのは、負けたことは負けたが、簡単に負けたのではなく、ほぼ対等の勝負をして負けた」という意味合いが込められていたという。「中を入れるというのは、五分五分ほどの価値があった」とされていた。

つまり、負けることは負けたが、一方的に負けたのか、互角の戦いをして負けたのかを判断する基準が「中を入れた」か否かなのである。単なる勝ち負けではなく、「中」という考え方も備えていたのが三本勝負だったのである。それは相撲を取る者にとっても、見て楽しむ者にとっても、重要な意味を持っていたのである。ちなみに、同じ話者によれば、中を入れさせず、二番連続相手を倒すことをニバンウチ（二番打ち）といった。それは圧倒的な差で相手を負かすことを意味した。

三　一本勝負への変更

三本勝負で勝敗を決するルールは徳之島で行われた第二回目の祭典相撲まで続いた。しかし、瀬戸内町で開催された第三回目の祭典相撲からは、それが変更された。一九五八年一〇月二〇日の『南海日日新聞』によれば、その発端は次のとおりである。

第三回若人の祭典を瀬戸内町の古仁屋で開くに際して、主催者の奄美連合青年団では相撲関係者を「本部に招き座談会を開いて協会相撲の起こり、こんどの古仁屋場所展望などを試みた」。「出席者は奄美大島相撲協会長里原慶寿、同副会長元田正、名瀬署勤務で現協会横綱房親則の各氏。それに協会相撲最初の大関水間坊太郎（七九）同じく当時の横綱山下辰次郎（六六）同じく大関谷村昌信（六五）土岐直家さんら」であった。その座談会で、「三本勝負の制度をとつているのは奄美だけでなるべく早く一本勝負に改めるべきだ。三本もとつては体力の消もうが激しくいい相撲はとれないし、高砂親方などからつよくいわれている。としよりたちの反対もありすぐにはムリだろうが、若人の祭典では個人戦だけでも一本勝負にした方がよかろう」との提言がなされたのである。

ちなみに、その記事中の「高砂親方」とは、第四六代横綱、朝潮（本名、米川文敏）のことである。朝潮太郎（一九二九―一九八八）は徳之島の出身で、戦後、名瀬で開催された協会相撲にも出場したことがあり、角界に入った後も奄美の相撲関係者と親交があった。古里の徳之島町井之川にはその銅像が建てられている（一二二頁、コラム3参照）。

高砂親方を始め、当時の相撲関係者達の提言を受けて、その大会において団体戦も個人戦も三本勝負から一本勝負に改められた。その点は、大正一五年生で実際にそれに参加した話者からも確認がとれた。また、当時の前田信一奄美連合青年団々長は、一九五八年十一月二日付『南海日日新聞』の日曜論壇で、「市町村対抗青年相撲大会を通じて大島だけに残っていた昔ながらの三本勝負を一本勝負に切り換え、一大改革を行った」と述べている（新聞記事3参照）。

それ以後、奄美における広域相撲は一本勝負に変わった。当然、各地の反応は複雑で、集落相撲まで一斉に変わったわけではない。それを受け入れるのには地域ごとに違いがあったようである。先ほどの大和村の話者によれば、そこでの反応は次のようであった。

「相撲の一本勝負などというのは、考えたこともない。三本勝負は明治以前から、昔からやっており、一本勝負は内地式である。一本勝負だと、一回しか勝負しないので、負けたら大変なことになる。合点ならん、気に入らんとか皆不満を口にした。それは実力ではなく、ウン（運）とフー（つき）次第である。パックラシー（番狂わせ）もあり、相撲にならん」。

そのような不満を漏らし、抵抗しつつも、今日では集落相撲までほぼ全地域で一本勝負に変わっている。三本勝負をずっと続けているのは、瀬戸内町の節子その他の若干の集落だけになっている。節子の場合、「集落の規模が小さく、人口が少ないので、一本勝負だとアーという間に終わってしまい、見るものがなくなる」からである、とされている。ただし、他の集落から応援のため、挑戦する「力士」達が来ると、そのときは土地の者も一本勝負で対応している、とのことである。

四　県民体育大会へ

各地における反発は予想しながらも、ともかく広域相撲だけは祭典相撲において一本勝負に変えた。当初は反発しながらも、結局集落相撲もその影響下で、次第に一本勝負に変わっていった。しかし、今日のように、奄美全域でほぼ一本勝負に変わっていった決定的な要因は県レベルの体育大会への参加であった。

昭和19年5月9日第三種郵便物認可　第3121号

日曜論壇

復興期成会を作ろう

第三回若人の祭典を終えて

前田信一

十月二十三、四日の復興会議を中心とした約一週間に及んだ第三回若人の祭典は、地元瀬戸内町の町をあげての御援助と呼びかけに応じて参加賜わった全郡各団体各組織の絶大なる御協力を得て予想外の成果をおさめた。

主催者側として衷心からこれらの方々に感謝の意を表する次第である。

今回の祭典は、郷土の祖国復帰以来初めての会合である復興会議がもたれ、自主復興体制の全郡的組織体をつくる事で意見が一致し、而も凡ゆる分野についての振興の方途を見出した点で重大な意義があると思う。なお市町村対抗青年相撲大会を通じて大島だけに残っていた昔ながらの三本勝負を一本試合に切り換え、一大改革を行ったが、これも忘れられない事である。

私達は第一回の和泊祭典で初めて、興議会、四Hクラブ等の農業改良実践団体との連携を確立したが、これによって従来の私達が稍ともすると頭でっかちでお題目唱えに終った政治偏向の運動に走り勝ちだった事を是正し、最も地道な活動をする団本来の路線を見出し、なお団の下部組織の強化をすすめる事が出来たと思う。

第二回の天城祭典は八年間の空白による郷土の農業形態の立遅れをとりもどすために実際に取組んで、矛盾を感じている青年達が真剣な討議の中から農業振興四原則を打出して郡民所得の向上と生活安定への目標を定める事が出来たと思う。

今回の古仁屋祭典はこの二回の討議と体験の積上げとその集約として農業だけでなく、商業、漁業、林業等各分野の振興策を樹立し、併せて現在バラバラである運動体系を一つにして文字通り挙郡一致の体制をととのえるべきと考え　しかも群島復興は団独自の問題ではなく、あらゆる組織、団体の共通する最大の眼目である点から敢て復興会議を目論んだのである。

私達は八年間、祖国より分離され、軍政下にあって経済的に文化的に全く放置されていた為凡ゆる点で本土との生活水準のずれは大きなものがあり、当然政府はその責任に於いて奄美大島の速やかなる復興を期するべきである。然し乍ら郷土の復興は他力本願の依存的な立場のみでは絶対に不可能であり自らの力で産業を興し、所得の増進を図る事が必要である。

その意味に於いては両々相俟ってすゝめられて初めて目的は達成出来るものであるが、恐らく郷土復興の大願望は安閑として座して得られるものではなく二十万郡民の結束と強い要求以外には実現出来ないものと思う。

復興会議は三分科会により夫々のテーマについて二日間にわたって討議をわずらわせたのであるが、各科会の討議内容並びに結論については已に新聞を通じて郡民の等しく知るところであるが、内に自主復興をすゝめ、外に予算の獲得と増額等を要求する郡民一丸とした仮称復興期成会を本年中に各町村単位に組織し、来春早々、下からの盛上りによって私達が呼びかけにより全郡連合体を結成しようとの決議を見たわけであり、現在開店休業中の復興協議会は発展的解消により、この組織体に参加する事を希望する。

第三回　若人の祭典は　十月二十六日に終ったが、むしろこの日に初まったとも云える。私達は焦らず、ならず、来春までに全郡復興運動体制確立の為に努力するが、参加された各組織各団体の方々も又あの会議の感激と決意をそのまゝに群島復興の夜明けの為に、郡民一体の大行進をすゝめる為に復興期成会の結成に御尽力あらん事を祈る祭典に御協力下さつた内外の郷土愛にもえた好意ある方々に尊敬と感謝をこめて。

（[illegible]）

新聞記事3　日曜論壇

＊記事中の傍線は本文と無関係

既述のとおり、祭典相撲は昭和三一（一九五六）年に始まり、昭和三五（一九六〇）年、五回目の笠利での大会で幕を閉じた。その年の一〇月一八日付の『南海日日新聞』によれば、「祭典のねらいであった下部組織が確立されたので、今後は体育行事を切り離し産業振興の力を育成すること、団員の資質向上に重点をおくことにし、体育行事は県民体育大会に移すことが決定された」のである。その決定は、祭典の会場入口に設けられた大きな看板によく現れている。「第五回若人の祭典」とともに、「第一四回県民体育大会」も掲げられているのである（写真1参照）。

その笠利での大会の後、奄美の相撲はすぐに県民体育大会に参加できたわけではなかった。それに参加するまでの経緯については、笠利出身の渡俊夫氏（昭和三年生）から聞いた話によってまとめておきたい。渡氏は鹿児島県相撲連盟

写真1　「第五回若人の祭典」と「第一四回県民体育大会」（関勇三氏提供）

および県相撲連盟大島支部の相談役であり、その間の事情に最も詳しい方である。

県民体育大会の競技種目に相撲を入れるためには、鹿児島県相撲連盟傘下の大島郡相撲連盟を発足させねばならなかった。昭和四〇（一九六五）年、当時日産自動車名瀬営業所の所長だった渡氏が中心となり、郡相撲連盟が結成された。それに参加したのは主に祭典相撲で活躍した「力士」達だった。

郡相撲連盟は結成三年後、すなわち昭和四三（一九六八）年に沖縄の復帰運動を激励するための親善相撲を行った。パスポートを取って沖縄に渡った。名瀬市の大津市長と東総務課長も招待した。沖縄では那覇市の浮島旅館に泊まり、マキシウガン（牧志御嶽）で沖縄相撲の「力士」達と勝負した。大和相撲で、三本勝負を行った。沖縄側は大和相撲に慣れておらず、奄美側が全勝した。しかし、その翌年は沖縄側が相当練習を重ねたらしく、奄美側が負けた。三年目の昭和四五（一九七〇）年からは一本勝負になった。沖縄が昭和四七（一九七二）年に日本復帰することになったので、昭和四六（一九七一）年で親善相撲は終わった。那覇と名瀬で交互に開催し、成績もお互いに二勝二敗の五分で終わった。[*1]

昭和四六年、郡相撲連盟は大島郡体育協会に加盟した。そして、その翌年から県民体育大会に参加するようになった。祭典相撲で一本勝負になった後も、時には三本勝負も行われていた。しかし、それへの参加を契機にして、ほぼ一本勝負にまとまった。また、各地で本格的な常設の土俵が造られるようになった。つまり、今日のような土俵での一本勝負へと総仕上げをしたのは、県レベルの体育大会への参加だったのである。

それへの参加の母体たる郡相撲連盟の組織には、次のように、他の競技とは異なる特徴があるとスポーツの専門家は指摘している。「相撲連盟の組織は、住民の欲求を満足させるために組織化がなされてはいるものの、学校などのように競技会を目標にした一定の練習形態を保持した、いわゆるフォーマルな集団でなく、インフォーマルな集団である。年二～三回の行事相撲ないしその他に参加する行事型スポーツ集団ないし、パーティ型集団であるといえる。このような活動状況ではあるが、組織そのものは、大島地区は固いひもでしっかりと郡組織から市町村組織の末端まで結ばれている。この組織は歴史的にレクリエーションとしての行事相撲、それを支えている住民の相撲熱が証明している」［村山・木原　一九九七：四二］。そのインフォーマルな行事型スポーツ集団という捉え方は、次章で扱うような熱気溢れる集落相撲を見慣れている者にとってはよく理解出来る点である。

五　おわりに

前章と本章で述べてきたとおり、広域相撲は昭和三〇年代に大きく変わった。土砂俵から土俵への変化、投げ合う相撲から押したり引いたりする相撲への変化、三本勝負から一本勝負への変化などである。それ以前とそれ以後で共通しているのは、ただ一点、大和相撲すなわち立ち会い相撲という点だけである。

したがって、昭和三〇年代以前の相撲とそれ以後の相撲を同じ大和相撲として一緒くたに捉えてはならない。両者を区別しないと、重要な変化を等閑視することになるのである。本書では、必要に応じて、前者を奄美の伝統に彩られた大和相撲の意で伝統的大和相撲、後者を全国的に一般的な大和相撲の意で一般的大和相撲と呼び、区別したい。ただし、敢えてその必要がなく、文脈によって判断可能な場合は単に大和相撲とする。

註

＊1　渡氏を始め大島郡相撲連盟の方々は、日本に復帰するのであれば、相撲も沖縄相撲から大和相撲に変えるべきだと考えていたようである。しかし、第一章で述べたとおり、沖縄では沖縄相撲に取って代わるものとして大和相撲を受け入れたのではなく、沖縄相撲と並存すべきものとして受け入れたのである。

コラム2　昇曙夢

昇曙夢の本名は直隆で、明治 11（1878）年、加計呂麻島の旧実久村芝（現瀬戸内町芝）で生まれた。ロシア文学の研究者として活躍し、数多くの研究書や翻訳書などを上梓した。戦後奄美の日本復帰運動にも尽力し、昭和 33（1958）年、鎌倉市の自宅で逝去した。

学生の頃から郷里奄美の歴史や文化に関する研究にも取り組み、米軍政下の 1949 年に『大奄美史―奄美諸島民俗誌―』を公にした。その書の特に「民俗誌」の部分は今日の奄美文化の研究にとって貴重な資料となっている。加計呂麻島芝の生家跡には胸像とともに、顕彰碑が立てられている。

第四章　大和村大棚の集落相撲

一　はじめに

戦後における広域相撲および北奄美の集落相撲の変化について、二つの章にわたって述べてきた。ただ、それらはあくまでも変化に関する説明なのであり、その変化の結果として、今日の集落相撲がどのような年中行事に、どのように位置づけられ、行われているのかについての説明ではない。集落相撲が現に行われてる場面は、相撲の歴史とは別に、相撲の民俗として捉えねばならない。

広域相撲と異なり、集落相撲には必ずしも勝敗に拘らない、集落相撲ならではの独特の雰囲気がある。相撲の民俗に関する記述は、うまく描けるか否かの程度の差はあるにしても、本来はそれまで含むのである。それは決して歴史では捉えることが出来ない、奄美の相撲の重要な側面なのである。

本章では北奄美における相撲の民俗として、一つの事例を見ることにしたい。私が奄美のなかでも最も足繁く通った大和村の諸集落のうちから大棚の豊年祭相撲を取り上げたい。北奄美における集落相撲の今日的な様相を知るための好例であると思われるからである。

それで特に注目すべき点は、村落を代表して豊年祭の儀礼を施行する女性達の集団が健在なことである。現在では、奄美のほとんどの村落でその集団や組織は途絶えてしまっている。にもかかわらず、大棚ではそれが存続し、それの執り行う儀礼との関連で集落相撲が位置づけられているのである。

各地における集落相撲は必ずしも一様ではなく、地域ごと集落ごとに違いのあることも当然認めねばならないであろう。したがって、大棚の事例を固定的に捉えるのではなく、むしろ各地における異同を理解する際の一助として、あるいは比較の基となる材料として、柔軟に捉えて頂きたいのである。

二　豊年祭の舞台

二〇一〇年に刊行された『大和村誌』で、私は民俗編を担当させていただいた。その中で「シマごとの姿」と題して、大和村の全集落について各々簡単に紹介した。大棚における豊年祭の舞台についての説明はその記述に拠ることにしたい［津波　二〇一〇b：六七九―六八二］。

大和村には十一の集落がある。大棚は東西に点在するそれらの集落のうち、ほぼ真ん中に近い位置にある（地図1[*1]参照）。行政上はオーダナと称され、方言ではフーダナと呼ばれている。二〇〇八年八月末現在の人口は、三一四人で、世帯数は一五九世帯である。

大棚は北側だけは海に面し、その他は山に囲まれている（地図2[*2]参照）。東側の舌状に海の方に伸びる丘陵はグスコと呼ばれている。その東側に豊年祭相撲の儀礼と関連するキッキョ（清泉）と呼ばれる泉がある。また、集落南側にはマエヤマ（前山）あるいはムェヤマと称される丘陵がある。それの集落近くに同じくマエヤマと呼ばれ、大棚川から祭礼用の水を汲む場所がある。なお、グスコとマエヤマの間に古里の地名をもつ小字があるものの、大棚の故地であるとの伝承や意識はない。

集落は大棚川を境にして東側はイケダ（池田）、西側は

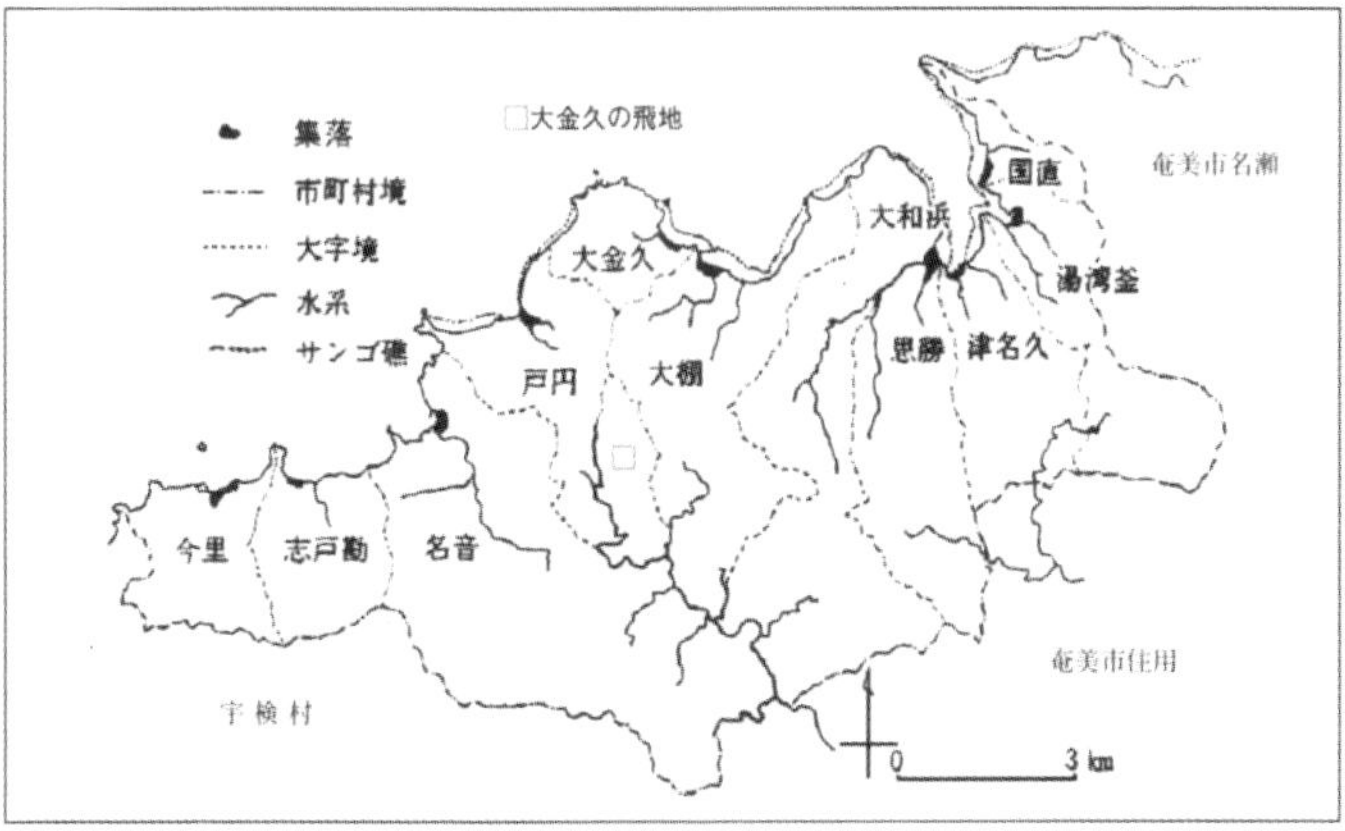

地図1　大和村の集落

地図２　大棚の集落区分と聖地
①キッキョ　②マエヤマ　③古里　④ノロドネ　⑤イチドネ（中のトネヤ）　⑥イチドネ　⑦カミミチ　⑧旧公民館　⑨旧土俵　⑩現公民館　⑪現土俵　⑫時家

サト（里）と区分されている。里の中でも西側の一帯はさらにミザト（美里）と区分されることもある。なお、池田はアガンマ（東の方）とも呼ばれる。その呼称の方が古い感じがするとのことである。

トネヤ（トネ屋）と称される祭祀場が池田に一カ所、里に二カ所ある。それぞれ名称上区別されている。池田のトネヤはノロドネで、サトのトネヤは二ヵ所ともイチドネである。イチドネのうち、集落の中央部に位置するのはナカノトネヤ（中のトネヤ）とも呼ばれている。

大棚の現在の公民館と土俵は、二〇〇五年、集落北側の埋め立て地に建設された。その前の公民館と土俵のあった場所は、かつてミャーと呼ばれる広場だった。その広場の東側の隅にはアシャゲと呼ばれる祭祀場があった。明治になって、小学校の教育が始まった際に、アシャゲで授業が行われたと伝えられている。ミャーの広場には最初の公民館ができ、一九七〇年に少し西側に移したため、そこに土俵がつくられた。それが旧土俵である。次に記述される豊年祭相撲は二〇〇一年の観察に基づいているので、それに登場する土俵は旧土表のことである。同様に、公民館はそのすぐ横にあった旧公民館のことである。なお、ノロドネから海沿いの県道に出て、さらにかつてのミャーに通じる道はカミミチ（神道）と呼ばれている。

大棚の草分けの家とされているのは池田の時家《ときや》である。時家が大棚の始まりの家で、集落としても里よりも池田が古いとされている。里の草分けは、ナカノトネヤの里家とされる。

集落の移動に関しては次のように伝えられている。かつて大棚と丘陵を一つ隔てた東側にケジン

（毛陣）というムラがあった。[*3] そのムラがある年の台風の際に大波にのまれ、甚大な被害を受けたので、大棚に移った。池田は豊年祭の水汲みを毛陣のキッキョにて行う。そのことや移動伝承を考慮すると、大棚の中でも池田がかつての毛陣のムラと深い関係にあることになる。

三　豊年祭の儀礼

『大和村誌』よりも数年前に『大和村の民俗　大和村誌資料集2』も刊行された。大棚における豊年祭の儀礼と相撲についてはそれに収載された山名洋平の「大棚の神役組織と年中祭祀」［山名　二〇〇五：一五〇―三〇三］に拠ることにしたい。

大棚の豊年祭はもともと旧暦八月一五日に行われていた。しかし、最近では参加者の便宜を考えて、平日を避けるようになった。それに一番近い日曜日に行うのである。ここで記述する二〇〇一年の豊年祭は旧暦八月一五日が新暦の一〇月一日で月曜日だったため、その前日の日曜日、九月三〇日に行われた。既述のとおり、それに登場する公民館や土俵は、地図2の旧公民館と旧土俵のことである。

豊年祭相撲はかつては青年団の主催で行われた。最近では青年の数が減ってきたため、壮年団の主催となり、青年団は婦人会とともに、それに協力する団体になっている。壮年団は数えの三〇歳から六〇歳までの男性で構成されている。青年団は高校卒業後から三五歳までの男性で組織されているので、数え三〇歳から三五歳までは青年団と壮年団両方の団員である。

豊年祭当日の早朝には、池田と里の双方でそれぞれ壮年団員の一人が「力水」に用いられる「水」を汲みに行く。池田はグスコ東側にある毛陣のキッキョで汲む（写真1・写真2参照）。里はマエヤマの流れで汲む。

「水」を汲みに行くときは、「力水」を汲みに行くとは言わず、「ワカミズ（若水）」を汲みに行くという。それぞれ一升瓶に入れ、池田の方はノロドネ、里の方はナカノトネヤに届ける（写真3参照）。

午前一〇時前後から豊年祭の儀礼を執り行う人々がノロドネに集まり始める（写真4参照）。その人々は大棚を代表してトネヤの神に対して儀礼を施行する。村落の中で特に神事の役を担っている人々との意味で、ここではその人々を神役（かみやく）と呼ぶことにしたい。[*4] 神役の集団には女性神役も男性神役もいる。儀礼の場における役割・地位の違いによって、女性神役にはノロまたはオヤノロ（親ノロ）を始めとして、ウヮーワキ（上脇）・シャーワキ（下脇）など、名称上の区別がある。男性神役はグジュヌシ（宮司主）と呼ばれ、本来ならばトネヤごとに一人ずついるべきであるが、ノロドネは後継者が出ていない。周知のように、奄美諸島から八重山諸島までの諸地域における村落祭祀の主導的役割は女性神役が担っている。大棚もその例外ではないのである。[*5]

さて、一〇時過ぎには、女性神役（ノロ・ウヮーワキ・シャーワキ・他三人）が和服の上にサルシ

写真１　若水汲み（１）

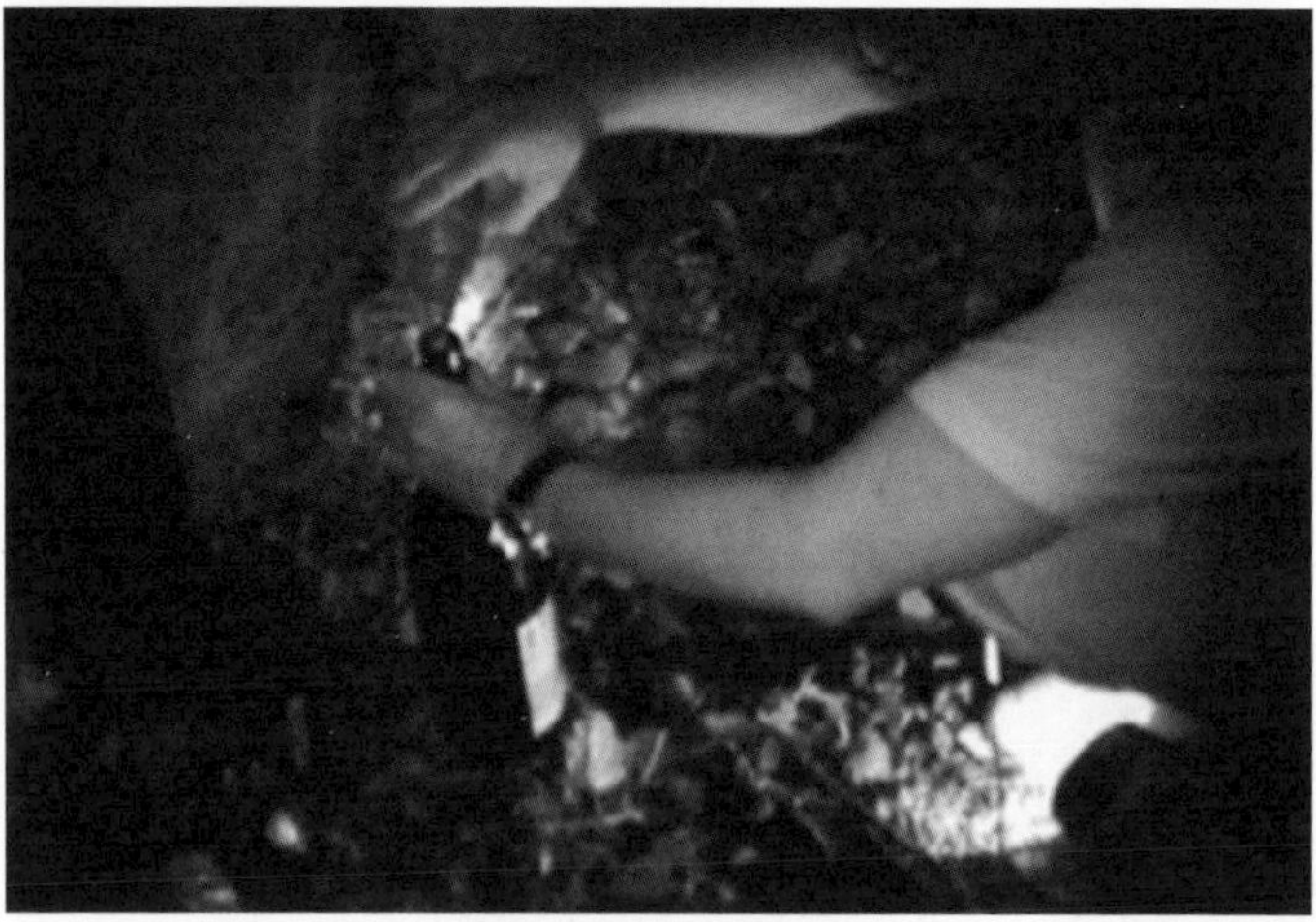

写真２　若水汲み（２）

写真３　若水をノロドネに届ける

写真４　ノロドネに集まる神役

と称される白い神衣装を羽織る。施行される儀礼には、「力士」達に怪我がないように祈る安全祈願も含まれている。そのため、村落を代表する区長の他に、相撲大会を主催する壮年団の三役、すなわち団長・副団長・会計も参席することになっている。

女性神役達が神衣装を着け、後継者の出ていない男性神役および都合により不参加の区長を除き、壮年団三役も揃うと、それぞれ所定の座順に坐る（図1参照）。そして、次のとおり供物や線香が準備される。

壮年団が前もって準備したミキ[*6]（神酒）を神役と壮年団三役と三人の見物人の人数分だけお椀に注ぐ。各家から集めた塩を盆に盛る。壮年団が持ってきた焼酎の一升瓶の栓と「若水」の入った一升瓶の栓を開ける。タカボン（高盆）に盛った米に線香を七本立てる。ノロがトネヤノカミサマの香炉に線香を三本立てる。

それらが済むと、神役全員でトネヤノカミサマを拝む（写真5参照）。その後、神役全員で手をすり合わせながらイクトゥバ（言い言葉＝唱えごと）が唱えられる。それが終わると、手を二回たたいて、ノロはトネヤノカミサマに焼酎を供える。

座に戻ると、ノロから順に盃に焼酎が注がれる。ノロが一口飲んでウヮーワキに渡すと、彼女も同様に一口飲み、その隣の神役に渡して焼酎を注ぐ。順々に全ての神役に盃が回された後で、シャーワキが盃を壮年団の三役に回し、さらに見物人にも回す。

その後、ミキが各人に配られる。神役はそれを手に持ち唱えごとを唱える。その次に、シャーワ

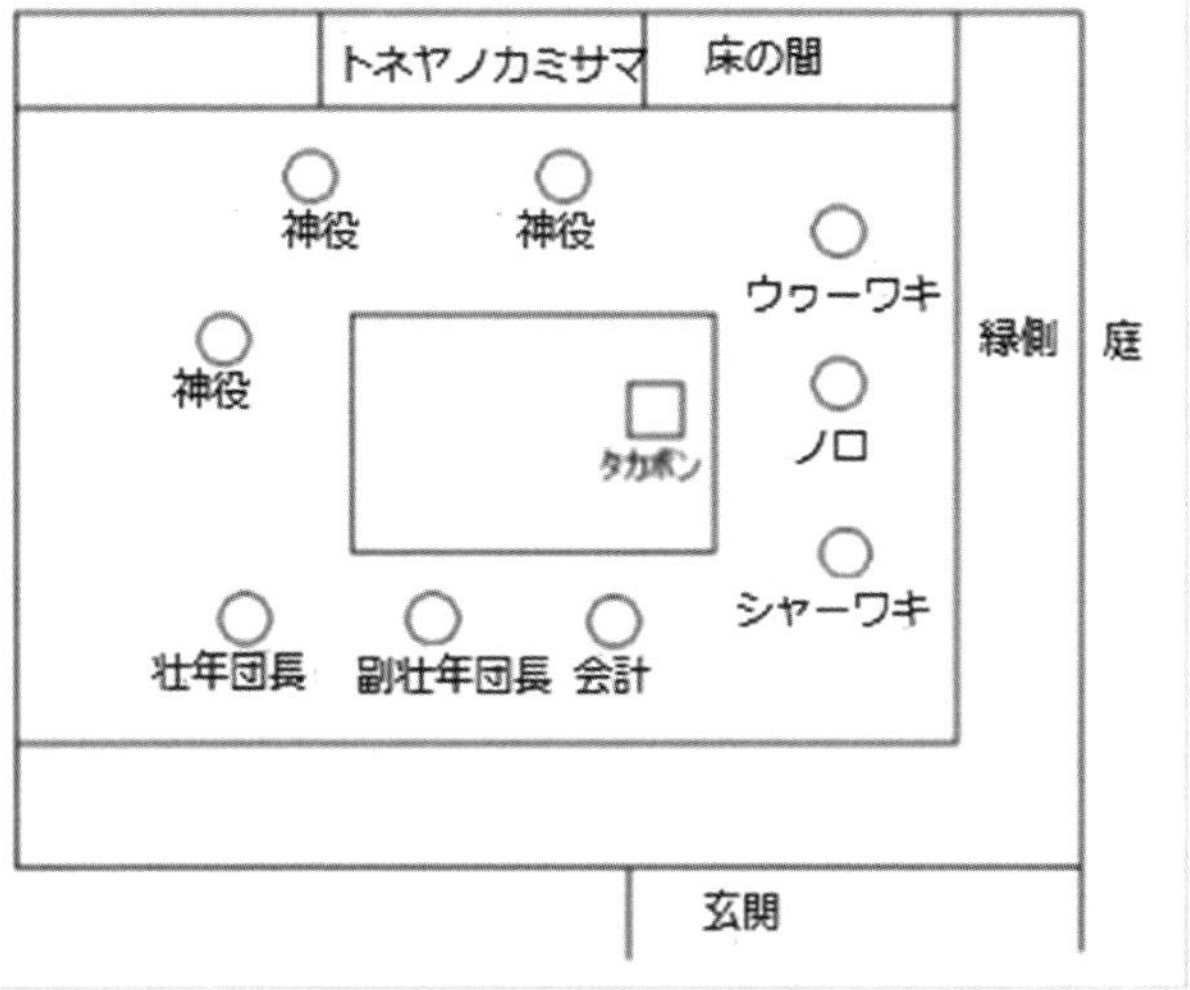

図１　ノロドネでの座順

写真５　ノロドネでの儀礼の様子

キが塩を盛ったお盆を手に持ち、神役達は唱えごとを唱える。神役達は一つまみ塩をつまみ、それぞれの体に浄めとして振りかけ、また一口なめる。シャーワキはその塩を壮年団三役と見物人にも勧める。

次に、縁側に置かれたまわし、法螺貝、太鼓を神役全員で囲み、清めの塩を振りかける。まわしは一つずつ手にとって何やら呟くように唱えごとをする。その後で、座に戻り、手を叩いて、そこでの儀礼は終了する。数分間雑談をし、次の祭祀場であるナカノトネヤに向かう。全員徒歩でカミミチ（神道）を移動する（写真6・写真7参照）。

一〇時三四分頃、ナカノトネヤに着き、すぐ儀礼の準備にかかる。その内容はノロドネと同じである。ただし、トネヤノカミサマの香炉に線香を立てるのは、ノロではなく、ウヮーワキである（写真8参照）。ノロドネでは、本来出席すべき男性神役のグジュヌシ（宮司主）は後継者がいないため参加していないが、ナカノトネヤではそこのグジュヌシが参加する（図2参照）。

ウヮーワキが線香を立て、全ての準備が整うと、全員でトネヤノカミサマに向かって手を合わせる（写真9参照）。その後、車座になって向かい合い、イクトゥバを唱える（写真10参照）。

次に、ウヮーワキがトネヤノカミサマに焼酎を供える。続いて、ノロドネと同様に焼酎の盃が回される。グジュヌシまでシャーワキが焼酎を注ぐ。

その後、ノロドネと同様に、見物人を含む全ての参加者にミキが配られる。そして、ノロとウヮーワキ、シャーワキで再度イクトゥバを唱える。その間、シャーワキは塩を盛った盆を持ったまま

写真６　カミミチからの移動（１）

写真７　カミミチからの移動（２）

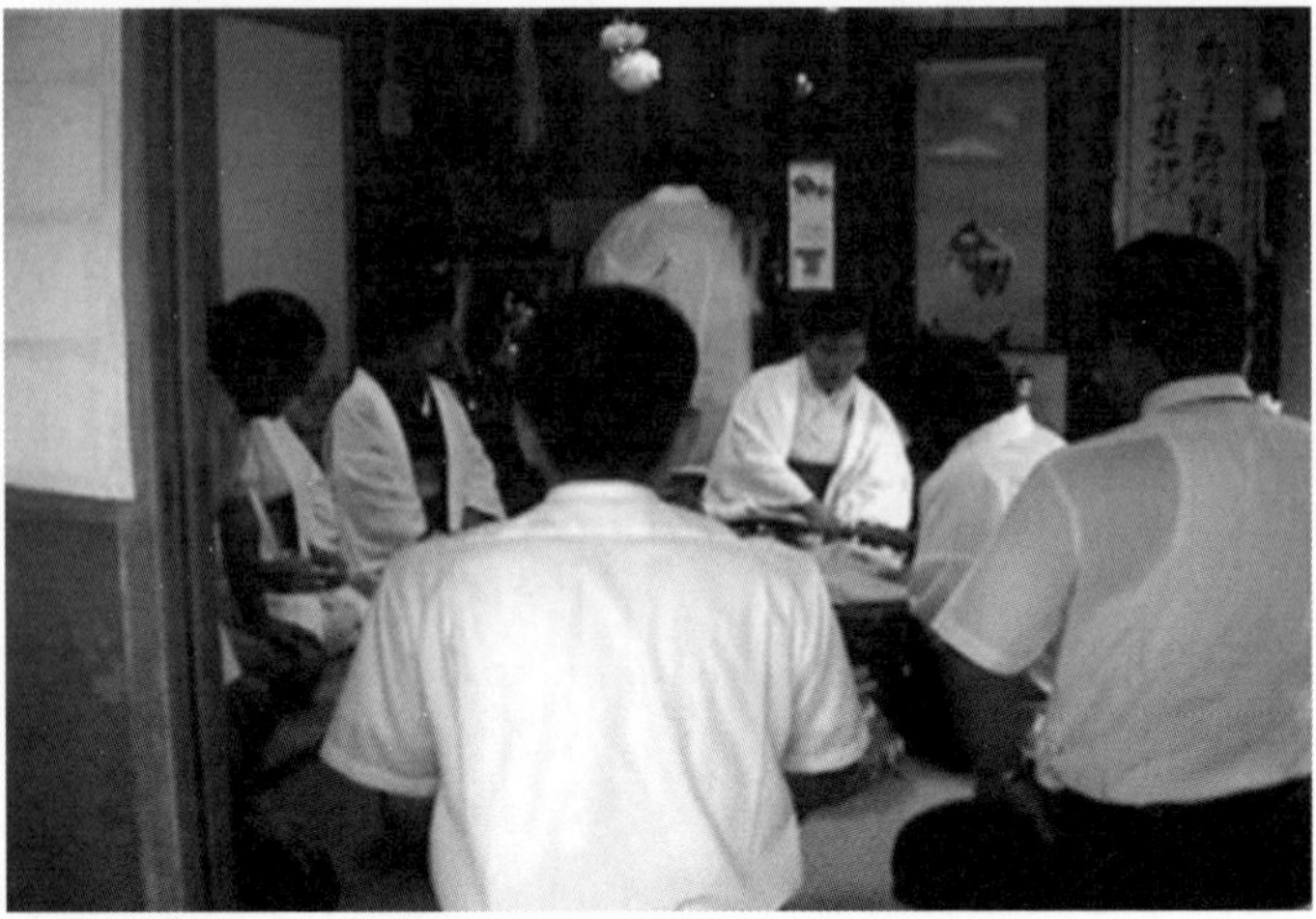

写真８　線香を立てるウヮーワキ

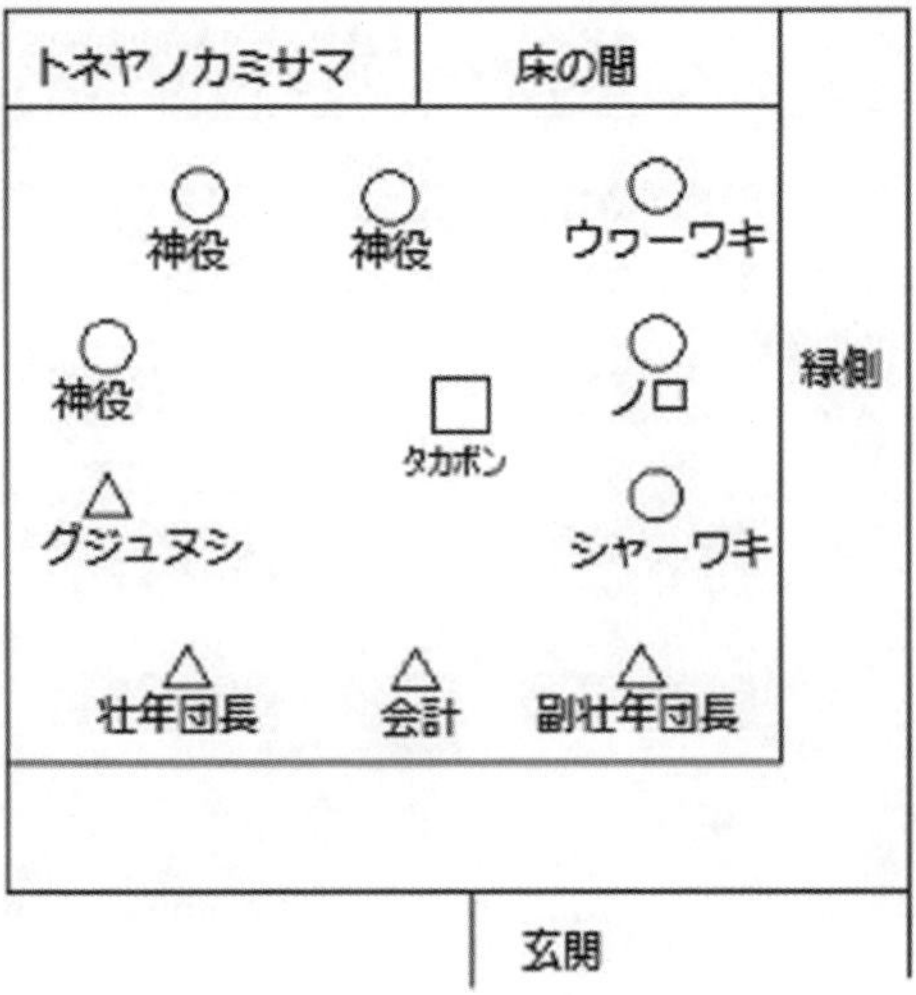

図２　ナカノトネヤでの座順

写真９　トネヤの神様を拝む

写真 10　イクトゥバを唱える

である（写真11参照）。

イクトゥバが終わると、ノロドネと同様に塩が回される。各自で体に振りかけ、一口なめる。次に、まわしと太鼓、法螺貝を塩で丁寧に浄める（写真12参照）。ノロドネと同じく一つずつ手にとって行われる。十一時少し前、シャーワキが「ここでのマツリは終わりました」とトネヤの主婦に告げる。

神役はそれぞれ塩を盛った盆あるいは皿を手にして土俵に向かう。グジュヌシと壮年団の三役も同行する。神役たちは土俵への道すがら清めの塩を撒き、また土俵周辺と土俵そのものにも念入りに塩を撒く（写真13参照）。全て撒き終わるとナカノトネヤに戻る。そこで壮年団三役から神役に感謝の言葉とともにお礼（金品）が渡される。それに対して神役たちは「無事をお祈りします」と答える。神役たちは白衣の神衣装を脱ぐ。

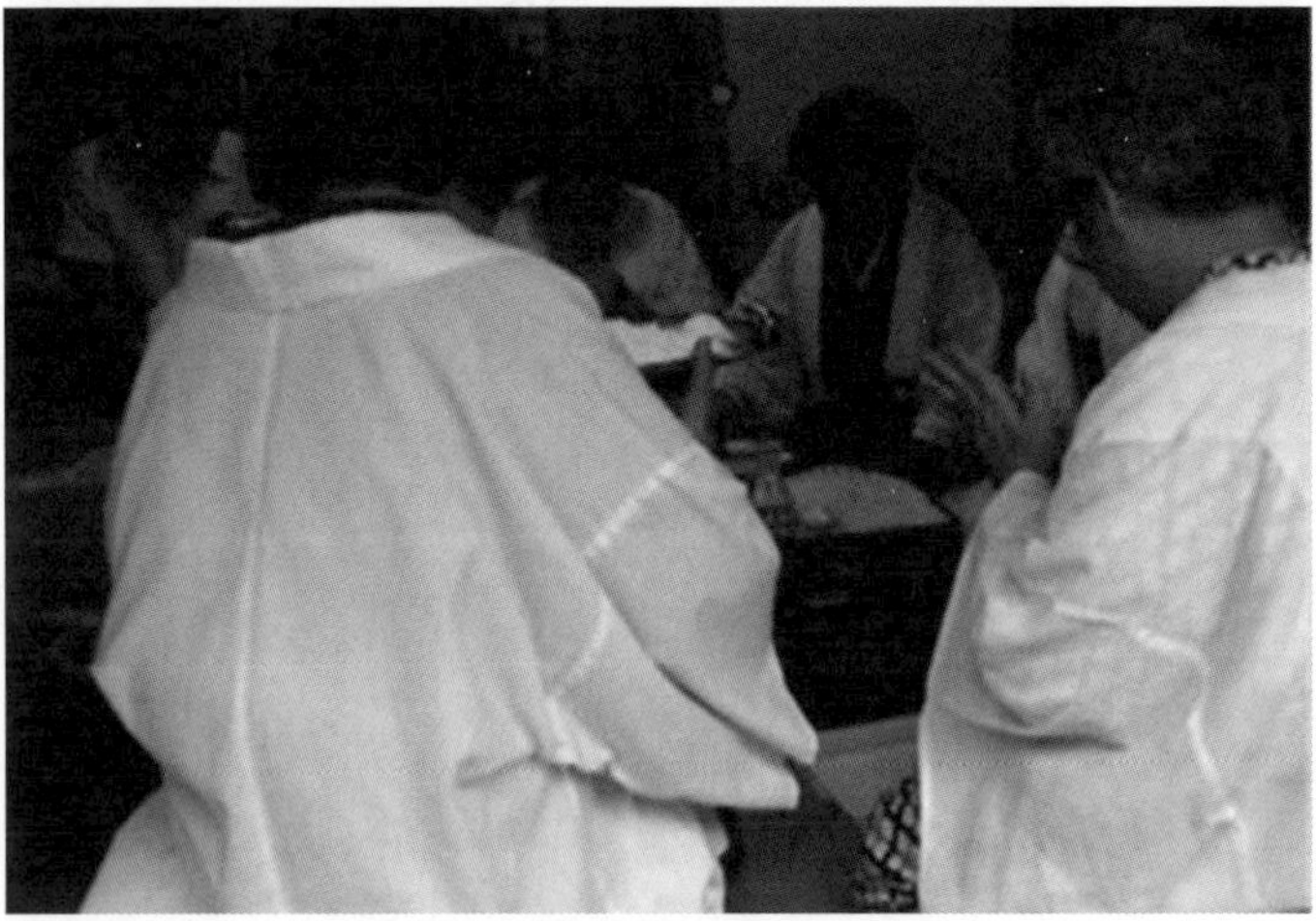

写真 11　塩の盆を持つシャーワキ

写真 12　まわしや太鼓などを浄める

写真 13　土俵の浄め

シャーワキが太鼓を叩くと、神役たちはそれに合わせて唄い、踊り始める（写真14参照）。壮年団の役員やトネヤの主婦も加わる。踊りは十一時一〇分頃終了する。その日の神役の役目は全ておわり、それぞれ帰途につく。

四　豊年祭の相撲

十二時二五分頃、相撲を取る人はトネヤに集まるようにとの放送が公民館のスピーカーから流れる。池田のノロドネでは、池田の子供から大人まで「力士」達が集まり、庭でまわしを締める。準備が整うと、旗頭を先頭に出発する。「イー、ヨイヤー、ヨイヤー、ヨイヤー、サ」の掛け声とともに、塩を撒き、太鼓を叩き、法螺貝を吹きながら土俵へ向かう（写真15参照）。塩は神役達によって供えられたものである。「力水」も持っていく。それは神役達の儀礼の中では「若水」であるが、「力士」達に渡ると、「力水」となる。

かつては神役達と同様にカミミチを通ったが、最近では国道を避けて集落の中を進み、最後だけカミミチに戻る。土俵に着くと、反時計回りに一周した後、全員土俵に上がり、「ヨイヤー、ヨイヤー、サ」の掛け声で「土俵入り」をし、東の控えのテントに入る（写真16参照）。旗頭はテントの支柱に括り付けられ、「力水」は「土俵」下に用意された水道水入りのポリバケツに注ぎ込まれる

写真 14　神役達の踊り

写真 15　旗頭を先頭に「土俵」へ向かう

（写真17参照）。

池田の「土俵入り」に続いて里の「土俵入り」が行われる。里はナカノトネヤで準備し、そこから出発する。相撲を取るときは一斑と二班に分かれるが、「土俵入り」は里全体でまとまって行う（写真18参照）。全て池田と同様に行い、西の控えに入る。

その後、一時一〇分頃から「前相撲」が始まる。「前相撲」は東と西の「力士」によって三組の取組が行われる。普通の取組と異なるのは土俵中央に盛った砂、およびその上に置かれた塩をそのままにして行われる点である（写真19参照）。続いて、保育園児による相撲も行われる。

その後、主催者や来賓の挨拶が行われる。最初に壮年団長が挨拶し、区長、名瀬在住大棚郷友会長と続く。最後に、自身も相撲に参加する地元の村会議員による音頭で乾杯が行われる。それが済むと、一定のプログラムに沿った取組が始まる。前半に幼稚園児、小学生、中学生などの取組があり、後半に班対抗などの取組がある。

子供の取組では、放送係が「誰々君（子供の名前）は誰々君（父親の名前）の何男（例えば長男）でございます」というように紹介する。小学生の取組は、一・二年生の部、三・四年生の部、五・六年生の部に分けられている。幼稚園児・小学生・中学生は各段階ごとに一位から三位までを表彰し、優勝者には盾および大棚の特定の商店で使用できる商品券が贈られる。また、それとは別に参加した子供全員にも商品券が贈られる。

子供の取組が終了すると、祝電の披露があり、村長の挨拶も行われる。助役、収入役、教育長なども村長に同行する。時を同じくして、村内の集落、名音から集落対抗相撲のために「力士」達がやって来たので、急遽、大棚代表の「力士」達との取組が行われる。

集落対抗相撲は他集落からやって来る「力士」達の都合に合わせて、その都度、プログラムも柔軟に変更される。また、集落対抗相撲では全ての取り組みで大棚の「力士」は西、他集落の「力士」は東に入る決まりになっている。取組が終わると、わざわざ他所の集落から来てくれた「力士」達の代表に焼酎一升と金一封が贈られる。

その取組が終わり、一息ついたところで、三時半頃から池田の「中入り」が行われる。「中入り」は「力士」達を先頭に太鼓を叩く女性たち、仮装行列と続く。「力士」達のうち何人かは、集落から集めた米で作られたチカラウバン（力御飯）を肩に担いでいる（写真20参照）。池田の「中入り」はかつてはトネヤからであったが、現在は土俵近くの路地から始まる。「土俵入り」と同様に「ヨイヤー、ヨイヤー、ヨイヤー、サ」の掛け声とともに反時計回りに土俵を一周する。次に、里の「中入り」が行われる。里の中入りはナカノトネヤを「振り出し」に、池田と同じように「土俵」を一周する（写真21参照）。

それらが終わると、前年の豊年祭以後に生まれた男の子の「土俵入り」が行われる。二人の子が化粧まわしを締め、父親に抱きかかえられて「土俵入り」を果たす（写真22参照）。男の子の健康祈願とされ、女の子の「土俵入り」はない。

その後はプログラムの後半が再開される。池田と里一班と里二班の対抗相撲、兄弟間の対抗相

写真 16　池田の「土俵入り」

写真 17　「力水」を注ぐ

写真 18　里の「土俵入り」

写真 19　前相撲

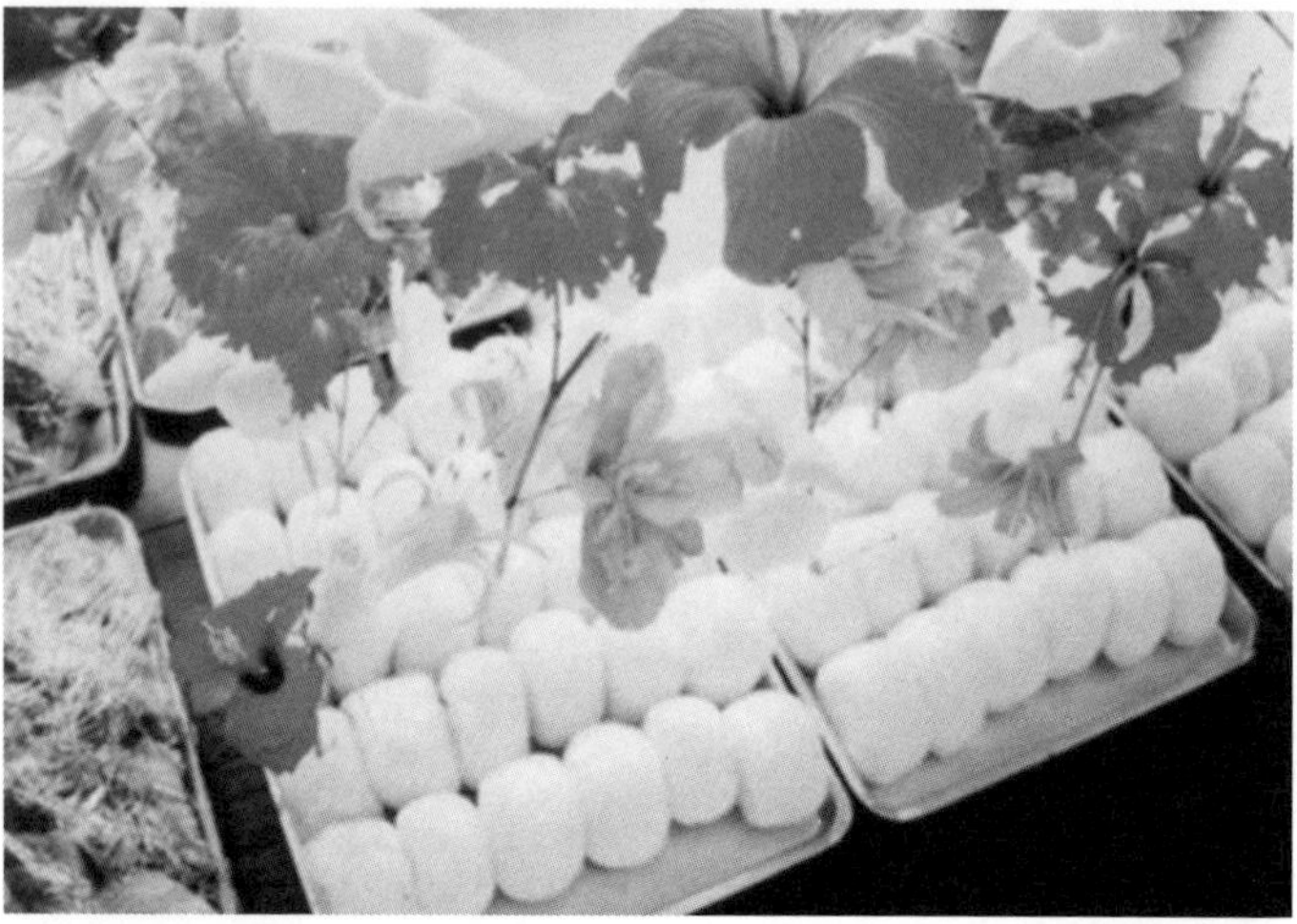

写真 20　チカラウバン

写真 21　「中入り」の土俵一周

撲、壮年団と青年団の対抗相撲、その年の横綱を決める個人戦、プログラムを締めくくる三人抜きなどが行われる。

壮年団対青年団の対抗相撲は青年団員がそれぞれ壮年団の中から対戦相手を指名する。何回も指名される壮年団員は大変そうである。三人抜きは、土俵の周りをぐるっと囲んだ「力士」達が交互に土俵に上がり、勝ち残った「力士」と対戦するもので、後ろから襲いかかられたりもするので、気の抜けない相撲である。

三人抜きが終わると「ヨイヤー、ヨイヤー、サ」の掛け声とともに取組は終了する。「力士」と審判がお辞儀を交わし、大棚小中学校長の掛け声で「大棚集落万歳」を三唱して、豊年祭相撲大会の全てのプログラムが終了する。

相撲の後、午後六時過ぎから八月踊りが行われる。老若男女が輪になって「土俵」を回りながら

写真22　男の子の「土俵入り」

太鼓と唄に合わせて踊るのである。いろいろな唄の種類と振り付けに合わせ、和やかで楽しい雰囲気のなかで踊りは展開していく。その途中の八時過ぎに、名瀬から参加した郷友会の人々が貸し切りのバスで帰る。大棚の人々は踊りを中断して見送る。九時過ぎに、壮年団長の挨拶で八月踊りは終了する。その後も男性たちは公民館に残り、遅くまで宴会を開く。

四　「中入り」

大棚の豊年祭における神役達の儀礼および相撲について、山名洋平「大棚の神役組織と年中祭祀」に拠って見てきた。山名の報告は現地調査に基づく詳細な記述になっている。私も二〇〇三年に同じ豊年祭を観察し、その正確さを改めて確認した。しかし、一点だけ、「中入り」に関しては私の得た資料で少し補足しておきたい。

池田の「中入り」はもともとノロドネを「振り出し」にしていた。先頭はチカラウバン（力御飯）を右手にかざした四人の「力士」である（写真23参照）。その後に、婦人達の行列が八月踊りのチジン（鼓＝小太鼓）を叩く四人、それに合わせて踊る四人、仮装した大勢という順序で続く（写真24参照）。全員が反時計回りに土俵を一周する。

里の「中入り」はナカノトネヤを「振り出し」にする。黒糖焼酎の一升瓶を右手にかざした「力

写真 23　池田の先頭

写真 24　池田の八月踊り

士」一人、チカラウバンをかざした「力士」四人、チジンを叩く「力士」一人、計六人の「力士」達が先頭である（写真25参照）。その後に、婦人達の行列がチジンを叩く二人、合わせて踊る二人、さらに仮装した大勢と続く（写真26参照）。池田と同じように、全員が反時計回りに土俵を一周する。

双方の「中入り」を比べると、若干の違いはあるものの、二つの点は共通している。チカラウバンを持つ「力士」達と行列をなす婦人達である。両者はその場における意味や性格がハッキリと異なっている。

婦人達の行列は、集落の婦人会が東と西に分かれて行う余興である。壮年団主催の豊年祭相撲に、婦人会はチカラウバンの準備のような裏方的な役割を担うのであるが、ただ行列のときだけは目に見える形で表舞台に登場する。あくまでも観客を楽しませることが目的で、仮装行列では誰か分からないように顔を隠している（写真27参照）。ウケを狙って、出来るだけ工夫を凝らす。なんと、大棚にかのマリリン・モンローも現れるという具合である（写真28参照）。

チカラウバンは必ず四人の力士で一つずつ持つことになっている。ただ、土地で使われているチカラウバンという言葉には、狭義と広義の二とおりの意味があるようなので、その点は注意が必要である。

狭義のチカラウバンは「力士」達の持つお膳に載せられた握り飯だけを指す。写真20のチカラウバンはその意味である。広義のチカラウバンは、握り飯以外に里芋の煮物とイカの煮物が盛られ、

写真 25　里の先頭

写真 26　里の八月踊り

写真 27　仮面仮装

写真 28　大棚のマリリン・モンロー

造花で飾りづけされたお膳全体のことである。その意味においては、「力士」がかざすチカラウバンの内容は握り飯・里芋の煮物・イカの煮物からなっているのである。

その中味の三品は決まっていて、変更は許されない。古くからの慣行とされ、毎年同じように繰り返されてきたとされる。あの手この手で、年ごとにウケを狙う婦人達の行列とは好対照をなすのである。

五　おわりに

大棚の豊年祭における神役達の儀礼と相撲について、二〇〇一年の資料を中心にしながら、二〇〇三年の資料も若干加えて見てきた。最初に述べたとおり、現在北奄美の各地で盛んに行われている集落相撲[*7]の民俗が大棚とまったく同じ状況であると主張するつもりはない。それを比較の材料として提示することによって、他の諸事例において共通する要素や相違する要素を土地ごとに柔軟に理解し把握する一助にしたいのである。

そのために、大棚の事例を二点に分けて整理しておきたい。一つは神役達の施行する儀礼に関してである。大棚の豊年祭は神役達の執り行う年中祭祀のうちでも特に過去一年間の「願を解き」、さらに向こう一年間の「願を立てる」、「立て解き」の行事であるとされている。[*8]つまり、村落祭祀の暦日では豊年祭が過去一年と新たな一年の境目ということになる。だからこそ、「若水」が汲まれるのである。

池田と里でそれぞれ所定の泉や流水から汲まれた「若水」はノロドネとナカノトネヤの神に供えられ、女性神役達の儀礼を経て、「力士」達に手渡されることによって「力水」に変わる。「塩」も同様に神役達によって拝まれ、「まわし」や「土俵」はその「塩」で浄められる。その「まわし」を締め、「力水」「塩」を持って、池田の「力士」と里の「力士」が各々のトネヤから出発する。「土俵」まで法螺貝や太鼓の鳴り物入りで行進し、「土俵入り」を行う。元々アシャゲの前のミャー（広場）だった空間に設置された「土俵」で、仕切って立ち会う、一本勝負の「大和相撲」が行われる。

大棚の豊年祭相撲においては、「力水」「まわし」「塩」「土俵」「力士」「土俵入り」「中入り」など、一見「大和相撲」に特有の言葉が連続する。しかし、「力士」が必ずしも力持ちではなく、またプロの相撲取りでもないのと同じように、それらの意味内容は一連の場面に位置づけて捉えないと正確には理解できない。決して、表面的に字義どおり受け取ってはいけないのである。

その最たるものが「土俵」に女性を上げないとする禁止事項である。大棚でもそれは受け入れられていて、実際に子どもでも大人でも女性は「土俵」に上がらない。皮肉なことに、「力士」達が怪我をしないようにと、「土俵」を「塩」で清めるのは女性神役達なのである。単純にその禁止事項まで受け入れられているというだけでは、変化しつつも、大棚に根ざした「大和相撲」の民俗は決して理解できないのである。

　大棚の事例は今日ではほとんどの村落で途絶えてしまった神役集団によって豊年祭の儀礼が執り行われているという意味では例外的と言えるかもしれない。しかし、それだけで割り切る訳にはいかないであろう。何故なら、儀礼と相撲との関係という点は、たとえ神役集団が途絶えても、それで終わりではなく、土地ごとに何らかの対応がなされると考えられるからである。むしろ、その対応の仕方自体が現在では比較し検討するに値する問題だと思われるのである。

　もう一つの点は、相撲そのものに関してである。大棚の集落相撲は必ずしも勝敗だけに拘っている訳ではない。子どもの取組に際しては親子関係が紹介されるし、全ての取組が終わると「大棚集落万歳」が三唱される。つまり、集落内の人間関係を重視し、かつ集落そのものの維持発展を祈念しているのである。勝敗を最重視する広域相撲とは社会的性格が異なるのである。

　それを確認した上で、さらに強調しておきたいのは二つの儀礼的側面である。その一つは、池田と里の「土俵入り」の後で、最初に行われる「前相撲」である。それは普通の取組と異なり、土俵中央に盛った砂と塩をそのままにして三番行われる。奉納相撲だとされている。

　大和村の他の事例と比べてみると、奉納相撲の行われる場は大棚のように「土俵」だけではない。たとえば、思勝は神社で行われているし、名音は集落背後に位置するテラと称される聖地で行われている。それらに照らすと、大棚の場合は「土俵」の設けられている場所に注意する必要があるようである。

その「土俵」はかつてミャーと呼ばれた広場にあり、その東側にはアシャゲと称された村落祭祀の場があった。その祭祀場が廃される以前だと、そこで神役達の儀礼が執り行われていたと考えられる。「土俵」で行われている奉納相撲は、その祭祀場と深く関係していると思われる。

もう一つ、儀礼的側面として重要なのは、「中入り」で四人の「力士」がかざすチカラウバンである。内容は握り飯・里芋の煮物・イカの煮物からなっている。その三品は大和村のどの村落でもほぼ同じで、元々のイカは土地で取れるバカイカ（標準和名アカイカ）であるとされている［津波・藤野　二〇一〇：九〇七－九〇八］。

里芋とバカイカは山と海を表すとされている［津波・藤野　二〇一〇：九〇八］。それに握り飯が加わり、チカラウバンは海と山と里の豊穣を象徴していると解される。また、「力士」の持つチカラウバンを食することによって健康になるともいわれている。つまり、それは豊穣への感謝と予祝、および健康祈願といった意味を表す象徴であると理解できるのである。過去一年間の「願を解き」、さらに向こう一年間の「願を立てる」、神役達の「立て解き」の儀礼にさらにその象徴が組み合わされているのである。

チカラウバンが重要なのは豊穣などの象徴としてだけではない。それは絵画によって時間的深みを知ることが出来るという点でも極めて貴重なのである。一八〇〇年代前半頃の絵である『琉球嶌真景』[*9]の第一〇景にチカラウバンをかざした四人の「力士」が描かれている（表紙参照）。それによって、少なくとも近世から今日まで続いている慣行であることが分かるのである。

達の行列とは性格が異なるのである。[*10]

チカラウバンに関しては、大棚のように「力士」達が持つのではなく、婦人達が持つ事例もあるので注意が必要である。たとえば、名音では「中入り」の行列に参加する婦人達が肩に担ぎ、土俵の周りを廻った後で、土俵の縁に座っている「力士」達に渡すのである［津波・藤野　二〇一〇：九〇七］。また、チカラウバンの三品がそのまま維持されているか、あるいは何らかの変更があるのかといった点にも注意が必要である。名音では子どもを喜ばせるために、「鳥の骨付きから揚げなど」を加えているのである［津波・藤野　二〇一〇：九〇七］。

チカラウバンだけでなく、「中入り」そのものも地域ごと、集落ごとに違いが出てくることは当然であろう。特に、ウケ狙いの部分にそれは顕著に表れるであろう。余興部分が極端に膨らみ、それが固定し慣行として継承されると、相撲はまるでその一部であるかのような位置付けになる。種々の芸能で彩られていることで有名な瀬戸内町油井の豊年祭はその典型的な事例であると思われるのである。

註

＊1　地図1は中西［二〇〇七：一四七］を一部補正して用いている。なお、奄美では近世の村の流れを汲む現在の地域集団を指す用語が幾つも重なっている。村（ムラ）、字、区、部落、集落、シマなどである。それらのうち、シマだけは固有の用語である［仲松　一九七二：五二］。一九八〇年

代前半までは「部落」が最も頻繁に使用されたが、役場の指導で後半からは「集落」がそれに取って代わった。そして、今日では集落が一般的になっている。本書でもその点を考慮して、奄美の村落を指示する用語として主にそれを用いることにしたい。

＊2　地図2は大和村役場「大和村管内図」より山名洋平が作成した。

＊3　嘉永三（一八五〇）年に大島に流された名越左源太は、現在の大和村に相当する当時の「大和濱方」の村名を列記した後で、「毛陣ハ名瀬朝戸村ト同ジク廃村」とわざわざ注記している［宮本他編　一九六八：五七］。それによって、口碑伝承で伝えられるケジンは当時既に廃村になっていたことが分かる。

＊4　「神役」の語はもともと沖縄本島北部一帯で土地の言葉として用いられてきたカミヤクないしハミヤクに漢字を当てたものである。意味としては、村落の中でたとえば区長のような役割があるのと同じように、神事に関わる役割もあり、それを担う人々を指す語である。

＊5　奄美において神役集団の担う村落祭祀は一九八〇年代頃には瀬戸内町と大和村および奄美市名瀬北部の若干の村落だけで維持されていた［改訂名瀬市誌編纂委員会編　一九九六b：一〇二］。そして、最近では大和村の数村落だけで辛くも継持されている状況である。

なお、女性神役のうち、ノロだけは漢字を当てることが出来ないし、語源も不明であるが、歴史的には他の神役に比べて、むしろ分かりやすい。それは琉球王国において国家的規模で組織された女性神役の中でも、宮古諸島、八重山諸島を除く、沖縄諸島、奄美諸島の各地に配置された村落ないしそれ以上のレベルの年中祭祀儀礼の施行者のことである。琉球国王から辞令が発給され、土地を給せられ、「のろ」と称されていた［高良　一九八七：七五―七八、一七六―一七七］。ちなみに、一六六七年以降はノロへの辞令書は発給されなくなる［高良　一九八七：五〇］。奄美諸島のノロはそれ以前に薩摩藩によって琉球王国から切り離されて存続してきたことになる。奄美諸島でも沖縄諸島でも、ノロは村落祭祀における最高位の神役とされている。

＊6　もともと米を発酵させて造っていた。今日では、アルコール分を含まない、甘酒風の飲み物がミキとして、紙パック入りで市販されているので、それを用いている。

＊7　今日、各集落の豊年祭相撲は旧八月一五日か九月九日に行われている。本来は九月日であったが、「八月一五日にとるようになったのは旧藩時代に代官仮屋の役人（トノガナシ）達の求めに応じて仮屋所在地を中心とした村から始まり、次第に近隣に広まったものという」［恵原　二〇〇九（一九七三）：三四五］。大和村の場合、八月一五日に行なうのは津名久・大和浜・大棚・大金久・戸円・志戸勘・今里で、九月九日に行なうのは国直・湯湾釜・思勝・名音である。大棚に名音から「力士」達が来て、集落間の対抗相撲が出来るのは、豊年祭の挙行される日が異なるからである。

＊8　大棚における豊年祭以外の年中祭祀に関しても、山名洋平の報告を参考にして頂きたい［山名　二〇〇五］。また、大和村全域の年中行事に関しては、『奄美大和村の年中行事』［古典と民俗学の会編　一九八五］が参考になる。

＊9　『琉球嶌真景』は沖縄県名護市の文化財に指定され、名護市立名護博物館に所蔵されている、縦四二センチ、長さ一四メートルに及ぶ絵巻である。その中に、幅一メートル二〇センチの絵が十一景収められている。その第一〇景に描かれた相撲の絵は、大雑把に一八〇〇年代前半のものと判断されるのである［津波　二〇一二：一三三］。なお、『琉球嶌真景』については第九章で再度取り上げる。

＊10　名音では相撲は男性の一年間のキトバレ（祈祷祓い）、「中入り」の行列は女性の一年間のキトバレとする土地の人の説明がある［津波・藤野　二〇一〇：九〇六］。しかし、大棚を始め、大和村の他の集落ではそのような話は聞けない。

第二部　南奄美の相撲

第五章　南奄美から広域相撲へ

一　はじめに

第一章で触れたとおり、昇曙夢は戦後じきの著作『大奄美史―奄美諸島民俗誌―』において、「大島の相撲には琉球風と内地風の二種あって、琉球風は専ら徳之島、沖永良部、与論島に行はれ、大島本島や加計呂麻島では専ら内地風の相撲が行はれる」と述べている［昇　一九四九：五六八］。しかし、私が現地調査を行ったところ、後に扱う特別な一事例を除き、現在では徳之島以南の三島においても大和相撲一色になっている。もしも、昇の説明が当時の状況を正確に伝えているとすれば、戦後この方、南奄美においては沖縄相撲と同じ島相撲から大和相撲に変わったことになるのである。

一般的な言い方をすれば、それは組み相撲から立ち会い相撲への変化だったのであり、私が知る限りでは、世界的に見ても他に類例が見当たらないほどの希有な出来事なのである。本章では南奄美において、どのように島相撲から大和相撲に変わっていったのか、その変化の時期や過程を戦後の広域相撲を中心に見ていきたい。ただし、変化の過程に関しては、どうしても戦前の集落相撲にも触れないといけない部分もある。ここではそれに関しては最小限の記述に止め、詳しくは第八章に譲ることにしたい。

大島郡全郡規模の広域相撲は戦後になって行われるようになったのであり、戦前には行われていない。特に注目すべきは、全郡的な広域相撲では団体戦として市町村の対抗戦が行われた点である。と同時に、それへの参加状況が南奄美各地で異なっていた点である。素早く対応し、戦後じきから参加した町村もあれば、いささか遅れた町村もあったのである。

まず、各町村が広域相撲に参加した時期について見てみたい。それが分かれば、大まかではあるが、南奄美各地における島相撲から大和相撲への変化の時期をある程度見通せるはずである。次に、参加の時期の違いに着目して、地域ごとの変化の過程や背景を探ることにしたい。参加の時期の違いは、その背後にある地域ごとの事情の違いを反映しているはずである。

なお、南奄美における集落相撲の変化に関しては、第六章で「伊仙町木之香の集落相撲」、第七章で「伊仙町阿権の集落相撲」をそれぞれ記述し、それらを踏まえた上で、第八章の「南奄美の集落相撲」でまとめて述べることにしたい。

二　参加の時期

戦後の全郡的な広域相撲に関しては、地元の新聞も強く関心を抱き、その都度結果を大きく報じている。その団体戦は市町村単位の参加なので、どこがいつから出場したかは、それによって一目瞭然である。当時の団体戦に関する新聞報道に当たって、南奄美三島の各町村がいつから参加したかについて明らかにしたい。

第二章で述べたように、終戦の翌年、昭和二一（一九四六）年に大島郡相撲協会主催で全郡相撲大会が開催された。昭和二一年一〇月六日付『南日本新聞特報』には、戦後第一回協会相撲の記事が出ている。名瀬のウドゥンバマ（御殿浜）を会場にして団体戦と個人戦が行われ、「優勝は古仁屋と鳥入氏」「協会相撲盛況裡に終了」との見出しで、当時の雰囲気を良く伝えている。ちなみに、「古仁屋」は古仁屋町（現在の瀬戸内町）、「鳥入」は個人の姓である。団体戦については「第一位が古仁屋、二位宇検、三位名瀬」と報じているものの、何チーム、どこどこが参加したかについての記事はない。

その翌年、昭和二二（一九四七）年九月一三日付の『奄美タイムス』は、名瀬市における協会の大会は奄美復興博覧会協賛相撲にし、第二回協会相撲は一〇月一〇日から三日間、古仁屋町にて開催することに決定、と報じている。実際にそれに参加したチームは十二市町村である。北から順に挙げると、龍郷・名瀬・三方・住用・宇検・古仁屋・西方・鎮西・実久・東天城・天城・和泊である［同年一〇月一二日『奄美タイムス』］。

それらの中には、市町村合併によって現在では分かりにくくなった地名もある。名瀬・三方・住用は今日の奄美市、古仁屋・西方・鎮西・実久は瀬戸内町である。また、東天城は大正五（一九一六）年に天城村から分離し、村制を布いたものの、昭和三三（一九五八）年には亀津町と合併し、徳之島町となった。南奄美からは、徳之島の東天城と天城、沖永良部島の和泊が参加したのである。

協会相撲はアマチュアの大会であったにもかかわらず、見物客から入場料を徴収した。そのため、大会そのものは盛況でも、一般住民からの評判は必ずしも芳しいものではなかった。また、プロのスポーツ関係者からは苦言も呈された。結局、昭和三〇（一九五五）年九月の「ウドン浜特設土俵」での「第三回大島郡相撲協会主催市町村対抗相撲大会」［同年九月一二日『南海日日新聞』］を最後に、その大会は行われなくなった。それに参加したチームは、龍郷・笠利・名瀬A・名瀬B・住用・大和・宇検・鎮西・東天城・天城・和泊の十一チームである。第二回と同じく、徳之島からは東天城と天城、沖永良部島からは和泊が参加した。

協会相撲に代わって、その翌年、昭和三一年からは奄美連合青年団が下部組織強化のために各地方で開催した「若人の祭典」の一つの行事として、全郡相撲大会すなわち祭典相撲が開かれるようになった。その第一回目は沖永良部で開催された。一九五六年一〇月九日付『奄美新報』によれば、団体戦への参加は笠利・龍郷・瀬戸内・名瀬A・名瀬B・住用・天城・伊仙・亀津・知名・和泊A・和泊Bの一二チームである。徳之島からは天城・伊仙・亀津、沖永良部島からは知名と和泊がそれぞれ参加している。地元開催ということもあってか、和泊は二チームも出している。二年後に亀津との合併を控えた東天城はその年から参加していない。東天城以外に南奄美三島で参加していないのは与論島だけである。

なお、昭和三一年の沖永良部島での祭典相撲は高千穂神社で行われた。その雰囲気を伝える写真が前久茂《すすめ》によって残されている［前　二〇一三：五六］（写真1参照）。それに付された説明には「相撲熱に湧いた高千穂神社の杜　大島全郡相撲大会　高千穂神社境内にて　昭和三一年一〇月五日開催」と記されている。

また、昭和三一年と三二年の祭典相撲に連続優勝した名瀬チームの記念写真も関勇三氏に提供して頂いたので、一緒に収めておきたい（写真2参照）。それには「〈二年連続優勝〉第2回若人の祭典（天城町場所）」と記されている。残念ながら、名瀬Aチームか名瀬Bチームかは区別できない。

以上、戦後の二つの広域相撲すなわち協会相撲と祭典相撲への参加状況について見てきた。その状況は、南三島でも地域ごとに違いがある。昭和二二年から昭和三〇年までの協会相撲へ参加したのは徳之島の天城と東天城、沖永良部島の和泊である。徳之島の伊仙と亀津および沖永良部島の知名は昭和三一年の祭典相撲から参加した。与論が参加したのは、昭和三五年に笠利で行われた最後の祭典相撲であった。

写真１　昭和 31 年の祭典相撲

写真２　名瀬チーム優勝記念写真

三　変化の過程

昭和二二（一九四七）年の第二回協会相撲団体戦に早々と天城と東天城および和泊が出場している。昇曙夢によれば、島相撲を取っていたはずの時期に、どうして大和相撲の大会に代表選手を送り出すことが可能だったのであろうか。

その点を探っていくと、南三島でも大和相撲への変化の過程ないし背景には町村ごとに違いのあったことが分かる。戦前の集落相撲の状況にも若干触れながら、徳之島、沖永良部島、与論島の順にそれを見ていきたい。

徳之島の中でも天城や東天城が戦後いち早く広域相撲に参加できたのはどうしてであろうか。その理由はまったく意外で、なんと戦前から大和相撲が行われていたのである。大正一五（一九二六）年生で、天城町松原上区在住の松元勝良氏から聞いた話を紹介したい。[*1] 貴重な内容なので、相撲以外のことも入り交じったままにしたい。

松本氏は七歳か、八歳ごろから「部落」の豊年祭で相撲を取り始めた。つまり、昭和七年か、八年頃のことである。戦前の様子を次のように回顧する。「戦前も今日とまったく変わりのない大和相撲だった。ただし、勝負は三回勝負だった。周辺の部落でもそれは同じだった。戦前は大島郡全体の相撲大会はなかった。それが行われるようになったのは戦後で、その大きな大会から影響を受けて、一回勝負になったのではないかと思う」。

「松原だけでなく、各部落にドヒョウがあって」、大人達の練習の合間に生徒達も相撲を取って遊んだ。普段は遊びで取っていても、一年に一回は「部落」の行事でも取っていた。「我々の小さい頃は十五夜の行事として、必ず部落の綱引きと相撲があった。その行事は青年団が主体だった。今は青年団がさびれていて、平成になる前から相撲はなくなった」。

相撲は午後の三時、四時頃から始めた。綱引きは月が上がってからやった。集落内の三つの子組合でまず引き合って、最後はゴッチャになってやった。豊年祈願で、綱が切れるまで引いた。切れるように作ってあるが、切れないで、勝負がつかないときは、引き分けといって、わざと切った。綱引きで用いるために、直径一〇センチぐらいの縄を青年達がユカイバ（休憩場？）というところで綯った。

戦前の「俵」の円の直径は九尺だった。ドヒョウは土を少しだけ盛り上げて、円形の内側を掘り下げて砂を入れた。「俵」は綱だった。円形の内側には土と砂との間に小さな溝をつくり、そこに綱を埋めて固定した。ドヒョウも綱引きの綱を綯うユカイバにあった。十五夜の行事には集落の人々が一重一瓶でユカイバに集い宴会を開いた。普段からそこは子供たちにとっては良い遊び場であった。当時の子供たちは他にやることがないので、年がら年中そこで相撲を取って遊んでいた。

松元氏が自ら経験した相撲はシマという。それに対して、最初から組み合う相撲のことをマージマ（真相撲）といった。「それをやったのは大正初期までではないか。大正末から昭和の初期にかけては既になかったと思う。自分自身は戦前でも見たことがない。行事がお互いの帯を掴んでいることを確認し、双方の尻を叩いてから始めたという話は聞いている。だが、相手の背中を地につけることで勝敗を決したという話は聞いたことがない」とのことである。

さらに、次のように語ってくれた。「今なら一〇〇歳以上の人たちが鹿児島の師範学校や大島中学などに進学し、その学生達が帰省するたびに校区ごとに、学生柔道や学生相撲の大会を開いた。その影響があって、自然に大和相撲に変わったのではないか。学校の先生方にも大和相撲を教えた人がいると聞いている」。

要するに、天城では大正初期頃まで最初から組み合って勝負するマージマが行われたようであるが、その後は師範学校や中学などに進学した学生達の影響で大和相撲に変わった。「土俵」は土砂俵で、勝負は三本勝負であった。つまり、協会相撲と全く同じ相撲を戦前から取っていたのである。昭和二二年の第二回協会相撲の団体戦に天城、および大正五（一九一六）年に天城から分離した東天城が参加するのに何の違和感も問題もなかった訳である。

徳之島でも伊仙と亀津は天城や東天城とは事情が異なっていた。文献の伝えるところによれば、伊仙には戦前から島相撲に大和相撲を取り入れた人物のいたことが明らかである。大略、次のとおりである。

明治二三（一八九〇）年伊仙町生まれの叶《かなえ》実統は、「県立大島農業高校（現在の大島高校）を卒業後、白南（中華民国）に現役兵として入隊、二年後に陸軍上等兵として除隊しました。その後、小学校の農業専科教員の免許状を受け、面縄や伊仙小学校などで教師を務めていました。初めて本土の角力を取り入れ、児童や村の青年達に教えたのも彼であったと言われています」〔『郷土の先人に学ぶ』刊行委員会　一九八〇：一二二〕。叶は大正八（一九一九）年頃、「当時、全島一の角力とりと言われていた」〔『郷土の先人に学ぶ』刊行委員会　一九八〇：一二三〕。

そのように、伊仙では自身も相撲の強かった叶が戦前に「本土の角力を取り入れ」、「児童や村の青年達に教えた」とされている。ここで注意せねばならないのは、「本土の角力」に変えたのではなく、それを「取り入れた」とする点である。つまり、叶は従前の島相撲に何らかの大和相撲の要素を「取り入れた」と理解できるのである。

『伊仙町誌』の「伊仙町歴史年表」によれば、叶実統は昭和一〇（一九三五）年に伊仙村の村長に選ばれ、昭和二一（一九四六）年にも再選された。そして、昭和三二（一九五七）まで村長を務めた〔伊仙町誌編さん委員会編　一九七八：六九八頁〕。

大正八年頃「全島一の角力とり」と言われていたこと、昭和一〇年に教職から離れ伊仙村長になったことなどを考慮しつつ推し量ると、叶が「初めて本土の角力を取り入れ、児童や村の青年達に教えた」のは昭和一〇年以前であった思われる。また、伊仙が広域相撲の団体戦へ始めて参加したのが昭和三一年の祭典相撲であったことを想起すると、叶の「教え」は確かに大和相撲の要素を取り入れ、後の大和相撲への変化をある程度は容易にしたかもしれないが、全面的な変化に直接的には繋がっていないと判断される。伊仙では戦後になって軍隊帰りの者たちを中心にして大和相撲が行われるようになったとされているのである。

叶が「本土の角力」を「取り入れた」とされる相撲については、「第六章　伊仙町木之香の集落相撲」で詳しく述べることにしたい。ただ、手短に言うと、組み合ってから勝負を始めるが、あとのルールは全て大和相撲と同じで、いわば「組んで始める大和相撲」だったのである。ただし、土地の人々の分類ではそれもシマジマ（島相撲）であり、ヤマトジマ（大和相撲）ではない。第八章で詳しく述べるが、その変化は亀津でも同様であった。天城や東天城の広域相撲への参加とは異なり、伊仙や亀津ではその島相撲を大和相撲に変える必要があったのである。

さて、沖永良部島では、島民の中に積極的に島相撲から大和相撲への変化を推進した人達がいた。土地の有力者たちによる変化への積極的な関わりがあったのである。知名でも、和泊でも、戦後じきから相撲協会を発足させた。[*2]その協会長達が中心になって大和相撲への変化を積極的に推進したのである。

『知名町誌』によれば、米軍政下[*3]の戦後じきから次のように大和相撲への変化が推進された。知名町の相撲協会では「最初有川薫允が協会長として相撲を始め、昭和二十二年には吉松軍八が代わり、和泊町の協会長前久茂と手を携え、相撲の発展に努力した。消防ポンプの古ホースも褌に使った。合宿もした。町内各学校を巡り相撲会を開いた。両町対抗相撲は時徳の四並蔵神社の境内で行った。そのうち、徳之島から選手を呼び、徳之島と永良部の対抗相撲を和泊の高千穂神社境内で行った。……また徳之島への遠征・瀬戸内町への遠征で相当の成績を納め、後に大島本島全体からも永良部に来島し親善相撲を取っている。永良部の相撲は強いと噂されるようになった」［知名町誌編纂委員会　一九八二：四五三］。

伝統的な島相撲は誰かが意識的に普及することもないので、文中の相撲が大和相撲であることは明白である。ちなみに、伝統的な島相撲はイラブジマ（伊良部相撲）と呼ばれ、「普通の帯を二重に締め、腰を下ろしたまま互いに帯を握って取り組み、一方がトウと言えば、一方もトウと言って、合意の上で立ち上がり技を振るう」のであった［知名町誌編纂委員会　一九八二：一〇二四］。そこに大和相撲を導入し、普及するために、合宿、町内各学校巡り、両町対抗等の取り組みがなされたばかりでなく、徳之島その他との対抗試合まで行っていたのである。

知名町の二人の協会長は大和相撲を普及するに相応しい人物達だったようである。有川薫允は、戦前の鹿児島師範学校を卒業後、教職についていた。師範学校で大和相撲を学んでいた。吉松軍八は戦前は軍医で、戦後は知名町で開業し、米軍政下では群島議会議員も務めた［知名町誌編纂委員会　一九八二：一〇二四］。

和泊町では上記の『知名町誌』に登場する前《すすめ》久茂協会長が中心となった。前久茂は明治三六年生で、大正一二年に熊本第六師団の工兵隊に入隊した。各部隊対抗の銃剣道、相撲、ランニングなどの大会には工兵隊の代表選手として出場した。大正一四年に除隊し、郷里に戻った。その後は相撲一筋に打ち込み、和泊の各集落を巡回して親善相撲を行ったり、指導したりもした。[*4]　そのように、和泊では大正末から前久茂によって大和相撲の普及活動が行われていたのである。

　そして、終戦の年に和泊町相撲協会が設立され、その協会長に前が推され、就任したのである。前は戦時中および戦後の食糧難の時期に澱粉工場を経営した実業家であり、社会的な信望も厚く、協会長に相応しい人物だったのである。ご遺族によってまとめられ、僅かな関係者だけに配布された小冊子『前久米の始祖物語』で当の本人がその当時の思いで話しを次のように綴っている。[*5]

「敗戦の結果国民は精神的に打ちのめされました。特に沖縄米軍基地に近い沖永良部地区の場合、進駐軍に対する恐怖、流言なども手伝い、心身ともに虚脱状態にあったと言っても過言ではなかった。町民に活を入れ、生産意欲を盛り立て、復興へ立ち上がらせ、元気づける為に、先ずスポーツを取り入れよう、そして大衆的競技であり永良部大衆が尤も好む、『相撲から始めよう』と、当時の重村青年学校長、相撲愛好家数名相寄り、話し合いの結果、意見の一致を見て、協会長に不肖私が押され、昭和二〇年一〇月、和泊町相撲協会は設立されました」[前　二〇一三：五三]。

　それに語られているとおり、和泊には戦前から既に「相撲愛好家」達がいた。終戦の年に、前が中心になって、その愛好家達とも相談しながら、相撲協会を立ち上げたのである。そして、その年から若者達に図鑑まで用いて技を解説しながら、大和相撲を教えたとされている。

　なお、その大和相撲は三本勝負だったことも当時の思いで話しから分かる。その中に、「二番打ち」という言葉が出てくるのである［前　二〇一三：五四］。それは第三章で述べたとおり、中を入れさせず、つまり一番も相手に負けず、二番連続で倒すことであり、圧倒的な差で相手を負かすことを意味する、三本勝負ならではの独特の表現であった。

戦後、知名と和泊は互いに協力し合って、大和相撲の普及に努めたにもかかわらず、両者を比べると、広域相撲への参加の時期は異なっている。和泊が昭和二二年の第二回協会相撲から参加したのに対して、知名は昭和三一年の祭典相撲から参加している。しかも、和泊は昭和三〇年の第三回協会相撲の団体戦では、名瀬Aと優勝を争い、「遠征の和泊、惜敗す」と讃えられるほどであった［一九五五年九月一二日『南海日々新聞』］。

両者の差は戦前から大和相撲の普及活動が行われていたか否かによるであろう。戦前にそれが行われていた和泊では、徳之島の天城や東天城同様、戦後いち早く第二回協会相撲に参加できたのである。当時の新聞を読み返してみると、改めて和泊における大和相撲の状況が窺える。一九四七年一〇月一四日付『奄美タイムス』によれば、第二回協会相撲の個人戦では和泊の「和田関」が上位八人に入り、その大会の小結と称された。また、一九五五年九月一二日付『南海日日新聞』によれば、第三回協会相撲の個人戦では和泊の「池田」なる「力士」は惜しくも優勝は逃したものの、準優勝に輝いているのである。

なお、与論の広域相撲への参加は昭和三五年の祭典相撲からであり、徳之島の伊仙や亀津、沖永良部島の知名などと比べても、明らかに遅かった。その理由は、当時の与論島民の相撲に対する基本的な考え方にあったようである。昭和二一（一九四六）年、坂本原澄が与論村の初代相撲協会長に就いた［町田　一九八八：九九三］。彼もやはり軍隊帰りで、相撲の普及に関心を抱いてはいたものの、なかなか成果は上げられなかった。その理由は、戦後一時期、「相撲は体に悪い。健康を害する」との風評があって、祭りや運動会などの公的な行事では行われなくなっていたからだ、と伝えられている。

四　おわりに

戦後の広域相撲に関する地元新聞の記事を追っていくと、南奄美でも町村ごとに参加の時期に違いがある。それは参加に至る過程や背景の違いでもあった。とはいえ、戦後十数年で全ての町村が広域相撲に参加するようになったのである。それは戦後この方ではなく、戦後十数年の間に起きたことなのである。

組み相撲と立ち会い相撲という身体技法の違いを考慮すると、相当の早い勢いで変化したと見るべきであろう。戦後じきの奄美は米軍政下での不満と日本復帰への願望に満ちていた。そのような社会的雰囲気や時代思潮の中で、大和相撲は普及したのである。それは復員した島民達にも受け入れやすいものであった。つまり、戦前から戦後、米軍支配から日本復帰という時代の激変期に、広域相撲における大和相撲は速い勢いで受容されたのである。

先に紹介した和泊町の相撲協会長、前久茂の回顧談は実際にその普及に努めた当事者の声として貴重である。前は「心身ともに虚脱状態にあった」当時の「町民に活を入れ、生産意欲を盛り立て、復興へ立ち上がらせ、元気づける為に」、「相撲から始めよう」と、和泊町相撲協会を設立したのであった。

まさに、戦後の復興、米軍支配からの脱却を願いつつ、地域住民に活力を与えるための大衆的スポーツとして、相撲、それも島相撲ではなく、大和相撲が選ばれたのである。本土と同じ相撲は、その時代に呼び込まれたものだったのである。

昇曙夢が一九四九年の時点で「琉球風」の相撲が南奄美で行われているとした説明は、天城や東天城、および和泊に関しては妥当性を欠いていたことになる。その他の町村に関しては、後に改めて述べることにしたい。

註

＊1　天城町歴史民俗資料館「ユイの館」の具志堅良学芸員の紹介で聞き取り調査を行った。記して感謝申し上げます。なお、私の天城町兼久における聞き取りの報告［津波　二〇一八：四五―四六］があることも参考までに記しておきたい。

＊2　同じ時期に、徳之島で相撲協会が発足したのか、また協会長がいたのかについては確認出来ない。口頭伝承でも聞けないし、また『徳之島町誌』［徳之島町誌編纂委員会編　一九七〇］、『伊仙町誌』［伊仙町誌編さん委員会編　一九七八］、『天城町誌』［天城町役場編　一九七八］などでも

関連する記述が見当たらないのである。

＊3　戦後、奄美も沖縄と同じように米軍政下にあった。昭和二八（一九五三）、奄美は日本に復帰して、再度鹿児島県大島郡となった。

＊4　前良子氏に話を伺い、関連資料を提供して頂いた。ご厚意に、心から感謝申し上げます。

＊5　著者名は前久茂となっている。なお、その冊子は和泊町教育委員会の北野堪重郎氏のご尽力で入手できた。記して、感謝申し上げます。

コラム3　横綱朝潮

第46代横綱、朝潮太郎の本名は米川文敏で、現在の神戸市で生まれた。幼少の頃に両親の故郷である徳之島町の井之川に移った。井之川集落を見下ろす小高い丘には、井之川岳を背景にして、堂々たる勇姿の銅像が建っている。

戦後じきに名瀬市で開催された大島郡相撲協会主催の大会に参加した米川青年は、立ち会い相撲の経験がなく、四人と戦い、一人にしか勝てなかった。その一勝も、里原慶寿協会長が「オーイ、米川、相手を掴まえて土俵から出せ」と大声で叫んだので、そのとおりにした結果であるとの逸話が伝わっている。

第六章　伊仙町木之香の集落相撲

一　はじめに

南奄美における相撲の変化を考える際に、常に気になるのは徳之島において叶実統が島相撲に大和相撲を取り入れたとされている点であった。大和相撲に変えるのではなく、それを取り入れると、具体的にどのような島相撲になるのか、なかなかイメージが湧かないのである。また、その時期が昭和一〇年以前であったと思われることも、これまでの研究史と関連づけてどのように理解すべきか、いささか頭の整理に困っていたのである。

その私のもとに、二〇一一年九月中旬のある日、徳之島は伊仙町の教育委員会から突然一本の電話が入った。伊仙町木之香の豊年祭で「沖縄と同じ相撲が行われている」という興味深い内容であった。当時の私の目には奄美における大和相撲一色の状況しか映っておらず、不意を突かれた思いをしながら、翌年二〇一二年の三月五日から八日までと三月二六日から二九日までの二回、現地で聞き取り調査を行った。

調査に入る前は、現在の奄美で沖縄と同じ組み相撲を行っている例外的事例かもしれないと思っていた。ところが、調査を行ってみたら、そうではなく、叶実統が大和相撲を取り入れた島相撲はこれ以外には有り得ないとの確信を持つに至ったのである。

二　豊年祭の現状

調査地の木之香集落についてまず簡単に紹介したい。木之香は、伊仙町でも西側に位置し（地図1参照）、行政上の名称はキノコである。しかし、方言ではキナで、土地の日常生活では今でもそれが頻繁に用いられている。二〇一二年三月末現在の世帯数は一四一世帯、人口は二七三人である。

地元では「木之香のムラ」云々という具合に、よくムラの語が用いられている。集落は三つの地域に区分されている。北から南に、ナカミチ（中道）・キナ（木之香）・シマゴン（島権）である（地図2参照）。ナカミチとキナそれぞれの南側の部分は家並みが塊状をなしているが、他は耕作地帯の中に一軒か二軒、あるいは数軒ずつ家屋が点在している。全体的な印象としては散居集落である。

地図１　木之香の位置

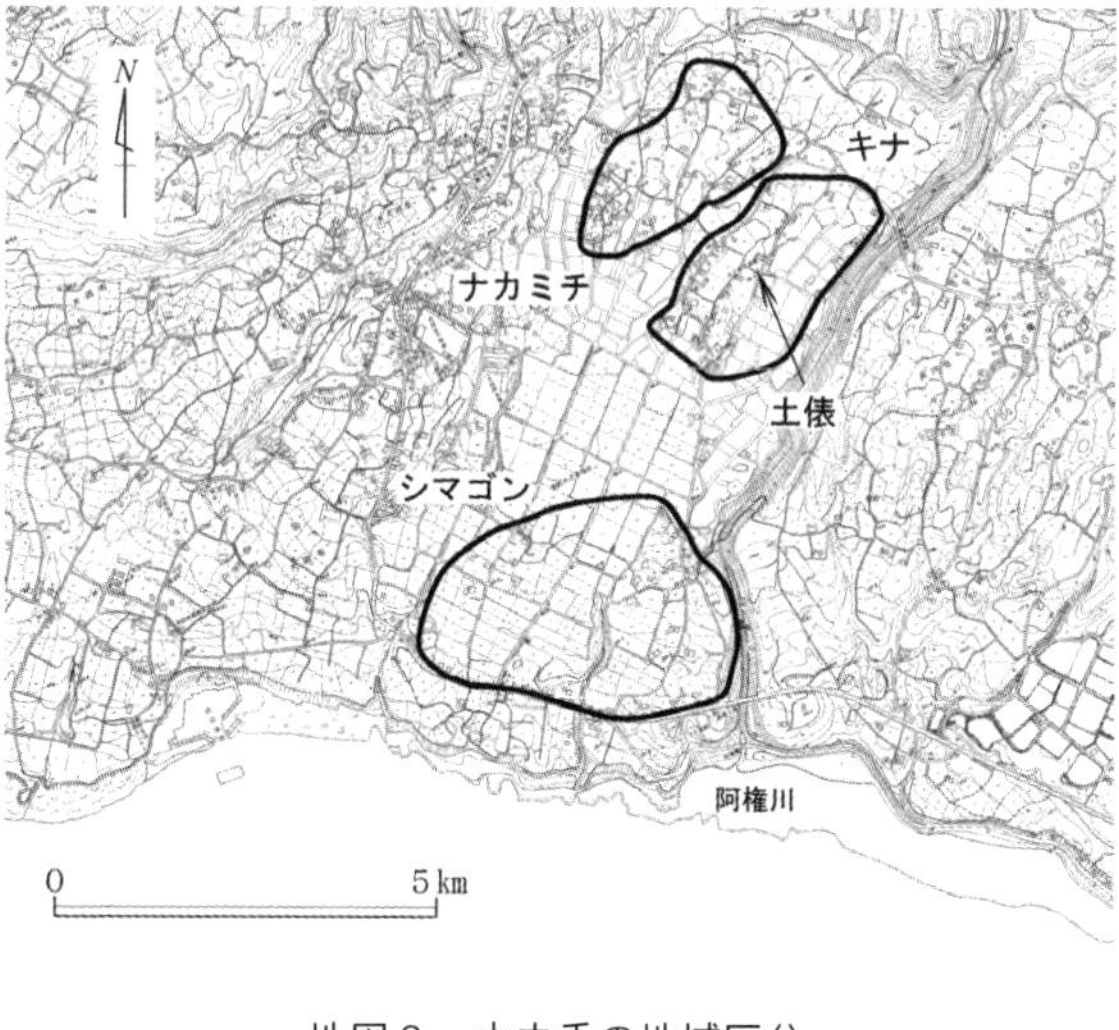

地図２　木之香の地域区分

集落名はキナに木之香を宛てたとされる。それを標準語的な読み方にして、行政上の名称として用いていることになる。なぜ、キナが木之香と宛てられたかは不明である。なお、近世末期に「木之香村は疲弊して廃村になろうとしていたのを、阿権の平家（たいらけ……筆者）の一族栄福基が私費で明治元年再建した」とされている〔小林　一九七八：一九五〕。

さて、教育委員会の調査資料に私の聞き取りによる資料を加えて、二〇一一年旧八月一五日に行われた豊年祭の概要を以下に紹介したい。なお、参照資料として掲げる豊年祭当日の写真も教育委員会の提供によるものである。[*1]

夕方までに、集落中央の生活館前の広場に綱引きの綱（一本綱）と十五夜踊りの矢倉が準備されている（写真1・写真2参照）。午後九時過ぎに、矢倉と生活館の間で、二手に分かれて綱を引く（写真3参照）。木之香の中の三地域すなわちナカミチ・キナ・シマゴンで、交互に引き合う。どちらかが勝てば、豊年といったような話はない。九時半頃には終わる。[*2]

すぐに「土俵」の準備が始まる。綱引きに用いた綱で「俵」をつくる。土を盛ることはなく、矢倉の側の地面にそのまま円形に置くだけである。「俵」の中には、余った綱を解いて敷く（写真4参照）。毎年、必ずそれを敷くのではなく、綱が余ったから今年はそうするとのことである。なお、今年は簡略したかたちで、丁寧にやる年は、余った綱ではなく、砂を運んで来て入れる。それで「土俵」は完成である。

小学校低学年の子供同士の取組から始める。次第に年齢を上げ、青壮年まで行う。取組は集落内

写真１　普段の木之香生活館

写真２　準備済みの矢倉と綱

写真３　綱引き

写真４　「土俵」の準備

の三地域とは関係なく、ほぼ同じ力の者同士を勝負させる。服は普段着で、腰に帯を巻くだけである。その帯を右手は下手、左手は上手で掴み、両者がちゃんと組み合ったことを審判が確認してから勝負開始となる（写真5参照）。一本勝負で、俵から出たり、体の一部でも土につくかすると負けである。

他所の集落からの参加者はなく、まったく木之香の人々だけの相撲である。木之香において集落の規模で行われる相撲大会は、豊年祭以外にはない。ちなみに、相撲のことはシマといい、相撲を取る人（あるいは、相撲の強い人）のことをシマ・トゥヤーという。

午後一〇時過ぎ、相撲が終わり、矢倉を中心にしてムラの老若男女全員参加の十五夜踊りが始まる。矢倉を中心にして反時計回りに回りながら、炭坑節などの曲に合わせて踊る（写真6参照）。土地の伝統的な八月踊りというよりは、本土的盆踊りという感じである。その踊りで、豊年祭の行事は終了する。

三　豊年祭の相撲

現在行われている木之香の豊年祭相撲は、教育委員会からの連絡どおり、一見確かに、「沖縄と同じ相撲」のように見える。特に、普段着に帯を巻くだけで、まわしを締めない点と組んでから始

写真５　取組

写真６　十五夜踊り

める点は沖縄相撲とまったく同じなのである。

しかし、その他はまるっきり異なる。第一に、競技の場が異なる。木之香では土は盛らないし、「俵」も固定はされていないものの、勝負の場はドヒョウと称される一種の砂俵である。第二に、勝敗を決するルールが異なる。俵から出たり、体の一部でも土につくと、負けになる。第三に、勝敗を決するための取組の回数が異なる。一回の取組だけで勝敗を決する一本勝負である。「沖縄と同じ相撲」であれば、次のようでなければならない。第一に、「土俵」はなく、砂場で勝負を行う。第二に、砂場から体の一部が出ても、また体の一部が砂についても、勝敗には関係なく、相手を完全に引っ繰り返して背中をつけた方が勝ちとなる。第三に、一回ではなく、二回相手を倒して始めて勝ちとなる三本勝負である。

沖縄相撲や大和相撲と比較すると、組んで始める点とまわしを締めない点だけは沖縄相撲と同じで、その他のルールは全て大和相撲ということになる。つまり、組み相撲ではあっても、「沖縄と同じ相撲」ではない。私からすれば、「組んで始める大和相撲」としか言いようがないのである。しかし、決して大和相撲そのものでもないのである。土地の人々の分類でも、木之香の相撲はシマジマ（島相撲）であり、ヤマトジマ（大和相撲）ではないとのことである。

再三引用しているように、昇は戦後じきの著作において奄美の「相撲には琉球風と内地風の二種あって、琉球風は専ら徳之島、沖永良部、与論島に行はれ」ているとしている［昇　一九四九：五六八］。今日の木之香の相撲をその当時まで戻してみると、どうなるのであろうか。

昭和五（一九三〇）年の午年生まれで、二〇一二年で数えの八三歳になる地元の古老、内《うち》利栄氏に話を伺った。内氏は終戦の年すなわち昭和二〇（一九四五）年に一六歳になっており、昇の著作の刊行年前後が氏の若い頃に当たる。

内氏の若い頃は、綱引きの後の綱で円形に「俵」を作り、その中に砂を入れた。つまり、砂俵である。ムラの人が総出で、阿権の浜まで行き、イビローグヮーと称される小さな籠で砂を運んだ。砂の厚さは約二寸（約六センチ）ぐらいである。「俵」は置かれているだけで、固定はされていなかった。

最初から組んで勝負した。体の一部でも「砂」につくか、足が「俵」から出るかすると負けだった。二回相手を倒した者を勝者とする三本勝負だった。いつ、今のような一本勝負に変わったかは知らない、とのことである。

そのように、「俵」の中に必ず砂を入れたことや三本勝負だったことなどは今日と異なるが、その他は同じである。さらに、戦前まで遡って、内氏の小学校時代でもその状況は同じだった。内氏はその相撲よりもさらに前に、沖縄と同じ組み相撲が木之香で行われていたか否かについては知らない。

内氏は自らの身をもって木之香の相撲と沖縄相撲との違いを経験している。その体験談は次のとおりである。「最初から掴み合っていても、ここの相撲と沖縄とは違う。沖縄の相撲はドヒョウから出ても、地面についても負けではない。奄美がアメリカに支配されていた頃は、沖縄にしか出稼ぎに行けなかったので、数年間沖縄で仕事をし、相撲も取ったことがある。最初に沖縄で勝負したときに、相手が腰をついたので、勝ったと思っていたら、ひっくり返されてしまった。沖縄の相撲は相手の両肩を地面につけないと勝ちにならない。それが分かってからは負けたことがなかった。嘉手納での大会にも出たし、どこか大学でも取ったことがある」。

そのように、昇の著作が刊行された時期およびそれより少し前の昭和一〇年代に戻しても、「土俵」が砂俵で、一本勝負が三本勝負だったなどの違いはあるものの、「組んで始める大和相撲」という意味では、今日とほぼ同じだったのである。

四　おわりに

現に行われている事例としてはただ一例だけであるが、組み相撲でありながら、ルールは大和相撲という木之香の豊年祭相撲を紹介した。何故その形態の相撲が木之香で行われているのであろうか。それを考えると、真っ先に頭に浮かぶのが叶実統の存在なのである。

叶が始めて「本土の角力」取り入れ、教えたとされる、その相撲とは一体何だったのであろうか。前章で述べたとおり、私がこれまで現地調査を行った限りでは、徳之島内でも天城や東天城では戦前から大和相撲が行われていた。それに対して、伊仙や亀津では戦前の時点で仕切って立ち会う大和相撲は全くなかった。

ところが、戦前まで遡って、「本土の角力」を取り入れた島相撲のあったことは、木之香で確認出来るのである。また、それは後述するように、かつては伊仙や亀津でも広く行われていたのである。それが重要なのは、私流には「組んで始める大和相撲」としか表現のしようのない相撲でも、土地の人々の分類ではあくまでもシマジマ（島相撲）であり、ヤマトジマ（大和相撲）ではないとする点である。

そうなると、叶実統が徳之島で始めて取り入れたとされる「本土の角力」は、我々が今日目の当たりにする大和相撲そのものではなく、「本土の角力」を取り入れた、木之香のような島相撲だったと理解した方が妥当であると思われるのである。何故そのような取り入れ方をしたのかについては、現在では調査不可能である。ただ、結果論的にいえば、身体技法が基本的に異なる立ち会い相撲に変えたのではなく、組み相撲のまま、勝敗を決するルールのみ「本土の角力」を「取り入れた」ことになるのである。

要するに、木之香の豊年祭相撲は叶実統の「教え」を受けて「本土の相撲」を取り入れた島相撲が今日まで継続していると考える以外にはないと思われる。ただし、それ自体も変化はしている。内氏の若い頃は三本勝負であったが、今日では一本勝負になっている。内氏はいつ一本勝負になったかについては知らないとしているものの、広域相撲でそのルール改正がなされた昭和三三（一九五八）年以降と見て間違いないであろう。[*3]

広域相撲の場合、ルールは共通の一つのものでないと競技が成立しない。それに対して、集落相撲は集落内での了解さえあれば、他の集落とは異なっていてもいっこうに構わない。木之香の相撲は集落相撲であるが故に、戦前からの形態を基本的に保持したまま、今日まで存続可能だったのである。広域相撲は一定の方向に向かって一斉に変化していく過程を我々に見せてくれるのに対して、集落相撲は各集落ごとにデコボコのある相撲の民俗を我々に見せてくれる。木之香の豊年祭相撲はまさにその典型であるといえよう。

その木之香の集落相撲を「組んで始める大和相撲」というと、大和相撲のことかと誤解を招きかねない。そうかといって、土地の人々の分類どおり、単純にシマジマすなわち島相撲と呼んでしまうと、従来の研究で「腹が天に向いた者を負けとする」［吉満　一九六四（一八九五）：二五］と説明されてきた島相撲との区別が付かなくなってしまう。

そこで、第三章において大和相撲を伝統的大和相撲と一般的大和相撲の二つに分類したように、ここでも島相撲を二つに分類しておきたい。一つは、木之香のように大和相撲の要素を取り入れた島相撲で、それを折衷的島相撲と呼ぶことにしたい。それに対して、研究史に登場するような島相撲は伝統的島相撲と呼び、区別したい。ただし、それも大和相撲と同じように、文脈で判断可能な場合は単に島相撲としたい。

附記

二〇一三年九月一九日（旧暦八月一五日）に再び現地を訪れた。その年も簡素化で綱引きの綱は、太いロープを用い、矢倉も組み立てなかった。隣の犬田布の綱引きが終わった後で、その綱を貰い受け、それを「俵」に用い、中には分厚く砂を入れた。取組で腰に帯を巻かずに、適当に衣服を掴んでいる点や女性が「土俵」に入っても何ら問題視しない点などに改めて気づいた。特に、新婚夫婦の取組は面白く、印象的であった。区長さんが夫婦を紹介するためにわざわざ二人の取組を準備した。開始直前に、酔っぱらった中年男性がのこのこ「土俵」に入ってきて、「俺が相手になってやる」と大声で叫び、笑いの渦が起きた。集落相撲ならではの一コマである。参考までにその年の写真を添えておきたい（写真7から写真13まで参照）。

写真7　「土俵」への砂入れ作業（1）

写真８　「土俵」への砂入れ作業（２）

写真９　「土俵」への砂入れ作業（３）

写真 10　新婚夫婦の取組

写真 11　姉と弟の取組

写真 12　男性成人の取組（1）

写真 13　男性成人の取組（2）

註

＊1　教育委員会の調査は新里亮人・内山五織の両氏によって行われた。また、「地図1　木之香の位置」「地図2　木之香の地域区分」は教育委員会で町内の文化財調査のために作成されたものを使用させて頂いた。諸種のご教示、資料のご提供、話者の紹介などに記して感謝申し上げます。なお、本章は過去に発表した私の報告［津波　二〇一一a］を一部修正したものである。

＊2　泉昭久は『伊仙町誌』で、八月一五日に上組対下組に分かれて引き合う犬田布の綱引きにおいて、木之香は上組に入るとしている［泉　一九七八：五四六］。その記述と今日の木之香の綱引きとの関係については不明である。

＊3　第三章で述べたとおり、奄美連合青年団が奄美諸島の各地で開催した「若人の祭典」の一つの行事として全郡相撲大会が昭和三一年から昭和三五年まで開かれた。昭和三三年、瀬戸内町で開催された相撲大会で、従来の三本勝負から一本勝負に変わった。そのルール改正の後に各地の集落相撲も一本勝負を採用するようになった。

第七章　伊仙町阿権の集落相撲

一　はじめに

伝統的島相撲から折衷的島相撲へ変化したのはいつ頃であろうか。その点を知りたいと思いつつも、木之香では適当な話者を見つけることが出来なかった。そこで、伊仙町教育委員会の紹介を得て、隣の阿権集落の古老で、昭和二（一九二七）年生まれの仲原恆雄氏から聞き取り調査を行った。[*1]二〇一二年三月七日と三月二七日、および二〇一三年一月七日の計三回、仲原氏宅を尋ねた。

その聞き取り調査に際しては、島相撲の変化以外に、もう一つ徳之島における相撲のコスチュームについても関心を抱いていた。吉満義志信が明治二八年に『徳之島事情』で「島相撲」の説明として用いた「角力の圖」に描かれたコスチュームである［吉満　一九六四（一八九五）］。[*2]

後に見るように、その図ではまわしの上にさらに帯を締め、その帯を最初から掴んで相手を倒す様子が描かれている。ほんとに、その図のとおりの姿形で伝統的島相撲は行われていたのであろうか。もしそうだとすれば、明治時代の徳之島において、既にコスチュームだけは大和相撲の影響を受けていたことになる。

異文化の受容過程においては、多少の奇妙な出来事が起きても不思議ではない。第二章で述べたように、土俵ではなく、砂俵上の大和相撲も実際にあって、「俵」に足をかけると動いたので、「剣が峰」を踏まない決まりだったのもその一例である。とはいえ、何故わざわざまわしの上に帯を締めることまでする必要があったのであろうか。そもそも、ほんとにその格好で相撲を取ったのであろうか。その真偽を確かめたいと思ったのである。

二　調査地の概況

伊仙町では町域を東部と中部と西部に分けている。それは町内に三校ある中学校の学区にもなっている。阿権は西部の東端に位置している（地図1参照）。阿権の東側は鹿浦川を境にして伊仙に接し、西側は阿権川を境にして木之香と接している（地図2参照）。鹿浦川と阿権川はそれぞれ切り立った渓谷をなしている。それら二つの河川に挟まれた、なだらかな傾斜の台地上に位置しているため、昭和三四（一九五九）年に新福橋と新阿権橋が架かるまでは、まるで陸の孤島状態だったという。小学校は明治時代から今日まで阿権だけで一つの学

地図１　阿権の位置

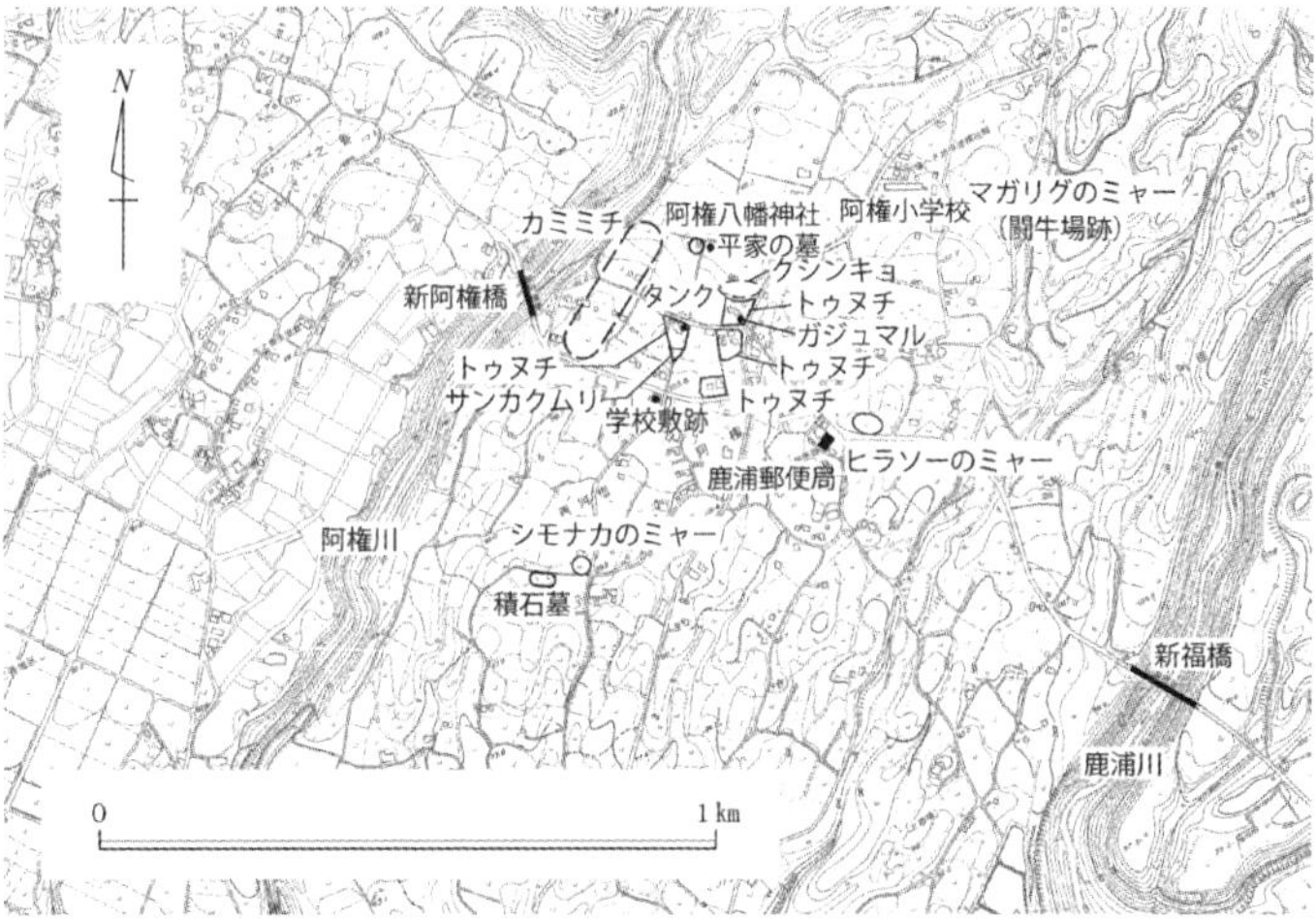

地図２　阿権

区としてやってきた。なお、集落の南は東シナ海に面し、阿権浜が広がっている。
阿権は町内の一七の大字の一つである。行政上はアゴンと呼ばれているが、方言ではアグンと称されている。明治四一（一九〇八）年の島嶼町村制施行以前は「村」であった［義原　一九七八：一六］。戦後になって、二つの行政区に分けられ、一時期だけ区長もそれぞれ一人ずついた。しかし、その時期を除けば、行政区は分けられていても区長は一人であり、豊年祭も昔からずっと一緒にやってきた。

役場の資料によれば、二〇一二年三月現在、東阿権は八七世帯、人口一六九人で、西阿権は七五世帯、人口一二五人である。また、生業はキビ作中心の兼業農家が多い。

全体的には家屋が耕作地の中に点在する散居集落であるが、鹿浦郵便局と新阿権橋の間に広がる家並みは緩やかな塊状をなしている（写真1参照）。その塊状地域の中にトゥヌチ（殿内）と称される四軒の家がある。いずれも、近世に郷士格だった平（たいら）家の子孫で、見るからに立派な石垣で囲まれている。その中でも、屋敷地が三角形になっているトゥヌチの石垣が最も立派で、一見城郭と見紛うほどである（写真2参照）。

その背後の小高い丘陵に神社がある（写真3・写真4参照）。コンクリート製の鳥居には「阿権八幡神社」と刻されているものの、土地の人々の通称はティラである。ティラはかつてもっと西側にあって、一〇〇年以上も前に現在地に移動したとされる。ちなみに、かつてのティラはカミミチと称される場所と隣接していた。

幸田宗行『阿権の今昔』によれば、「阿権の寺」はかつて「牛馬の疫病が流行して来たので之を憂えた谷口氏の先祖の方は七日七夜、海へ通い七尋の海底にもぐり、お告げの御神体を探しあてて持ち帰り拝むようになり以後一族の氏神様として拝まれるように」なった［幸田　一九八七：五一］。また、『伊仙町誌』によれば、阿権八幡神社は平家の先祖で郷士格だった平福憲（寛政一二年生・嘉永二年没）の弟、福里が建立して同家一族の守り神としたという記録があるとのことである［泉　一九七八：四四二］。

「明治中期頃現境内は窪田茂徳氏が土地を提供してくれた結果、境内を拡張し二体の氏神様が合祀され、文武の神、島守の神」が鎮座することになった［幸田　一九八七：五一］。つまり、阿権八幡神社は始めは平家一族の氏神であったが、そこに元のティラに祀られていた谷口家一族の氏神が明治中期の境内拡張によって合祀されたのである。そして、平成八（一九九六）年に阿権の有志や阿権出身者によって今日のようにさらに整備された。ちなみに、神社と道一つ距てた東側には平一族の墓地がある。

ところで、阿権にはミャーと呼ばれる（あるいは、呼ばれた）広場が三カ所ある。北から順に、マガリゴーのミャー、ヒラソーのミャー、シモナカのミャーである。普通は単にミャーとしか呼んでいないが、敢えて区別する必要があるときは、小字名を付けているのである。マガリゴーのミャーは阿権小学校の体育館辺りで、戦前は闘牛場だった。現在はない。

写真１　集落の風景

写真２　城郭のような石垣

写真３　阿権八幡神社

写真４　神社横の広場

三　阿権の相撲

話者の仲原氏は昭和二（一九二七）年の卯年生まれで、聞き取り調査を行った二〇一三年には数えの八六歳である。終戦の年は一八歳だったので、戦前から戦後すぐにかけての集落相撲の様子を聞くには持って来いの話者である。夫婦で雑貨店を営みながら農業も行っている。若い頃は闘牛も飼っていた。*3 以下、仲原氏から聞いた話である。

相撲のことを方言ではシマという。戦前の組んでから始める相撲はシマジマ（島相撲）で、戦後行われるようになったヤマト式の相撲はヤマトジマ（大和相撲）と呼んで区別している。

仲原氏は昭和一七年に高等科を卒業した。その頃はヤマトジマというのは全然なかった。学校の砂場で、ほぼ毎日、遊びとして相撲を取っていた。今のように洋服ではなく、着物を着ていたので、最初からその帯を掴まえて行う相撲だった。当時は、二人が互いに相手の帯を掴まえて、トーガトー（もう大丈夫）と言ってから勝負を開始した。

仲原氏によれば、「相手の両肩を地面につけたら勝ちとするシマジマは、私達の一回り先輩達までしかやっていない。私達の頃からは体の一部でも土につけたら勝ちだった。そういう相撲に変わっていた」。それでも、その他は以前と同じだった。二回相手を負かさなければならない三本勝負だったし、今のように「土俵」というものもなかったので、「俵」から足が出たら負けとするルールもなかった。

戦前は阿権にミャーと称される広場が三ヵ所にあった。そのうち八月十五夜に相撲場になったのはヒラソーのミャー一カ所だけだった。そこの広場には芝が生えていて、その上で勝負した。

戦後になって、海軍から帰ってきた人々がヤマトジマを広めた。自然の成り行きというべきであろうか、戦後も昭和二四、五年頃まではヤマトジマとシマジマがゴッチャナになっていた。たとえば、次のようなことがあった。旧六月に行われる阿権神社の相撲大会で、「年寄り」の中に相手を引っ繰り返して両肩を地面につけようとする人がいて、喧嘩になった。既に勝負はついているのに、なぜそこまでやるのかということで、負けた方がコラッと怒鳴ったのである。負けた方からすれば、仕切ってから立ち会ったのであるから、当然ヤマトジマのルールでやるべきなのに、もう一方は古い時代のシマジマのルールどおり両肩をつけるまで技をかけ続けたということで、憤慨したのである。怒鳴られた方からすれば、無意識に体が動いたということのようである。

そのように、戦後もすぐにはヤマトジマに一体化することが出来なかった。ルールが混乱して喧嘩も起きたので、四、五年ほど集落の相撲を中断した時期もあった。その後は、ヤマトジマだけ行われるようになった。現在のような一本勝負がいつ頃から始まったかについては知らない。

戦後、阿権神社の相撲大会には、中山や木之香など、他の集落からも相撲を取りに来るようになった。それはヤマトジマにまとまって後からのことである。その時期から「西部校区で集落対抗の相撲大会もするようになった。青年団主催でね。それからは完全に大和相撲」で、「若人の祭典の相撲大会は確か市町村対抗だったと記憶している」[*4]。

現在、旧六月の行事はロッカクドー（六月燈）と称され、阿権神社の広場で相撲大会が開かれる。つまり、照國神社の六月燈に合わせて、阿権では集落の相撲大会が開催されているのである。一本勝負の大和相撲である。その日は神社から下の道まで提灯が並び、壮観である。相撲は神社の横の広場で行われる。最近はやらないこともある。

旧八月十五夜の豊年祭は小学校の校庭でまず綱引きを行う。郵便局の前から新阿権橋に伸びる道を境にして、北側を上組、南側を下組に分けて、一本綱を引き合う。綱が切れるまで引っ張り合うことになっているので、どうしても切れないときは青年達が刃物で切断する。その時点で、綱の真ん中が「よった方が勝ち」である。綱引きの後で、ヒラソーのミャーで相撲を取る。

四　マワシと褌

吉満義志信は『徳之島事情』で、「六月の内一日始給米（方言『シキウマ』）と称し、農家一般休業して男女共美粧を為し（浜なき場所は村内広き場所）浜に出て、其日は各々酒肴弁当を携へ、闘牛、相撲、手踊等ありて男女老若共一同終日の遊楽を尽す」［吉満　一九六四（一八九五）：二四—二五］としている[*5]。その後に、第一章で引用した二種の相撲について説明しているのである[*6]。再度、それを確認すると、次のとおりである。

「相撲には二種あって、一つは大和相撲といい、もう一つは島相撲という。大和相撲は内地一般に行われているものである。島相撲は双方とも腰に帯を巻き、互いにこれをしっかり掴んで勝負を開始し、相手の背中を地につけ、天を仰がすのでなければ、勝負は決しない」［吉満　一九六四（一八九五）：二五］。

既述のとおり、その文中の「大和相撲」はヤマトジマに漢字を当てたものであり、同じく「島相撲」はシマジマに漢字を当てたものである。その上で、吉満は「大和相撲」は「内地一般」に行われているので説明を省き、「島相撲」はそうでないので、わざわざ図まで添えて説明しているのである（図1参照）。

その図のような姿形でかつてシマジマが行われていたのかについて話者に質問した。その際に、私は細心の注意を払ったつもりで、「明治二八年の本にマワシの上にさらに帯を巻いてシマジマを取っている絵があります。昔は、本当にそのような格好だったのでしょうか」と聞いた。

そのとたん、話者は笑いながら大きな声で、「それは違います。マワシではなくて褌です。褌の上に普通の帯よりは少し厚くて太い帯を巻きました」と答えて立ち上がり、「帯は腰にだけ回す人もおれば、このようにマワシのようにやる人もいました」と、股間にも帯を通す仕草まで実演してくれた。その側で、「褌にはキンタレもちゃんと付いていましたよ」と、話者の奥さんまで苦笑いしながら補足説明をしてくれた。キンタレという言葉は初めて聞いたのであるが、なんとなく褌の

図１　「角力の圖」

前の垂れ下がった部分であることは理解できた。話者によれば、帯は相手が腰で掴めるように褌の上に巻けば良いのであって、巻き方は人によるというのである。その褌に帯の姿で戦前のシマジマは行われた。

話者が初めてマワシを見たのも戦前のことである。「八歳か九歳のころだから、昭和一〇年ごろか。一〇歳年上で鹿児島師範学校の相撲部に入っていたイトコが阿権八幡神社の六月の相撲大会にマワシを締め、四股を踏んだ。子供心にも迫力があった。恐らく、阿権の人々もほとんどはそのときに初めてマワシを見たのではないか。マワシはイトコのように相撲部に入っている者でなければ、持っていなかった」。

現在、六月の相撲と八月の相撲は一本勝負の大和相撲を行っている。数年前までマワシを締めていたが、みんなが裸になるのを嫌がるので、今ではそれも止めている。*7

五　おわりに

伝統的島相撲はいつ頃まで行われていたのであろうか。仲原氏によれば、幼い頃から体の一部でも土につけば負けとする点だけ改変された折衷的島相撲が行われていた。改変の加わらない伝統的島相撲が行われていたのは、「一回り先輩達まで」であった。

それが具体的にいつまでなのかという点に関しては、その土地における年齢や世代の捉え方に拠って理解されねばならないであろう。この場合は、十二支が基本になっている。たとえば、誰それは寅年生まれなので、今年で何歳になるという具合である。当然、「一回り先輩」も十二支の「一回り先輩」ということになる。

昭和二年卯年生まれの仲原氏から見て「一回り先輩達まで」とは、大正四（一九一五）年の卯年生まれあたりの「先輩達まで」ということになる。つまり、伝統的島相撲を行っていたのは大正初期生まれの先輩達までだと説明しているわけである。それを踏まえると、伝統的島相撲から折衷的島相撲へ変化した時期は大まかに大正年間だったことになるのである。

ここで注意したいのは、仲原氏の語る折衷的島相撲には「土俵」がなかったことである。それは伝統的島相撲と共通していて、今日の木之香の折衷的島相撲とは異なる点である。木之香の内氏によれば、戦後じきの木之香の相撲では綱引き後の綱を「俵」に用い、その中に砂を入れて「土俵」を造っていた。それは「土俵」まで取り入れた折衷的島相撲ということになる。阿権では戦後に大和相撲に変わり、折衷的島相撲もなくなった。木之香では、「土俵」や一本勝負まで取り入れながらも、大和相撲に変わらず、折衷的島相撲を維持してきたことになるのである。

なお、吉満が『徳之島事情』で描いた「角力の圖」を見て、マワシの上にわざわざ帯を巻いていると理解したのは、まったく私の誤解であった。実は、褌の上に帯を巻いていたのである。マワシではなく、褌であれば、確かに帯を巻く必要があったであろう。「角力の圖」は褌に帯の島相撲だったのである。

明治二八年の吉満の図をそう理解すると、マワシそのものではないにしても、当時において既にコスチュームだけは大和相撲の影響を受けていたことになる。沖縄相撲が今日でもマワシを締めることく、褌に帯を巻くこともなく、普段着あるいは柔道着などを着て行われることに比べると、やはりそれなりの違いがあったのである。

註

＊1　伊仙町教育委員会の新里亮人、内山五織、宮前延代の三氏には種々のご協力をいただき、また町内の文化財調査用の「地図1 阿権の位置」「地図2 阿権」もご提供頂いた。記して感謝申し上げます。なお、本章は私の既発表の報告［津波　二〇一二b］に一部修正を加えたものである。

＊2　引用文献そのものに図に関しては頁が付されていない。

＊3　一九六〇年代に沖縄の闘牛界で活躍した、かの有名な「ゆかり号」はその話者が育て、当時の徳之島闘牛協会長の仲介で沖縄に渡った牛である。

＊4　話者の記憶どおり、市町村対抗の団体戦が行われたことは行われた。ただし、既に触れたとおり、個人戦もあった。

＊5　原文の漢字はそのままとし、片仮名のみ平仮名に書き換えた。

＊6　仲原氏は『徳之島事情』に記述されているような闘牛大会と同時に開催される相撲大会につい

て、話はよく聞いているものの、実際に見たことはないとのことである。したがって、それは昭和初期以前に行われなくなったと理解して良いようである。

＊7　話者は高齢で直接見物に出かけないためか、最近の相撲の状況についてはよく知らない面もあるようである。たとえば、戦前のように「土俵」はないと誤解しているようである。実際には、地面にロープを円形に少し埋めただけの「土俵」が用いられている。

第八章　南奄美の集落相撲

一　はじめに

戦後の南奄美における広域相撲の変化に対して、集落相撲の変化はどうだったのであろうか。木之香や阿権の事例で、ある程度の察しは付くであろうが、南奄美の集落相撲の状況は北奄美に比べて複雑であり、決して一筋縄ではいかない。

北奄美とは対照的に、南奄美では集落ごとの常設の土俵はほとんど皆無に等しく、町立の土俵や神社の土俵が目立つ程度であることは本書の冒頭で述べた。その分布の具合から、ある程度の予想はしていたものの、実際に調べてみて驚いた。北奄美と対比できる集落相撲は徳之島だけにあって、沖永良部島と与論島にはないのである。

さらに驚いたことには、豊年祭などの村落単位の祭祀儀礼そのものが明治初期ないしそれ以前から南三島では行われなくなっていたことである。その点では三島同じ条件下にあっても、徳之島では集落相撲が行われ、沖永良部島と与論島では行われていないことになる。各島において、なぜ村落単位の祭祀儀礼が無くなったのか、まずその点を明らかにしたい。

その上で、徳之島における集落相撲の変化について扱うことにしたい。ただし、既に言及したとおり、その変化は戦前の時点まで遡らないと、十分に把握できない。その点は北奄美における扱い方とは異なることになる。

二　村落の祭祀儀礼

沖永良部島における村落祭祀の状況に関しては、先田光演の研究が参考になる。先田は「沖永良部島は研究対象としては不可解な島である」とし、「そう感じている」理由の最初に「古来からの年中行事が途絶えた島」である点を上げている。そして、次のように述べている。「本島は一六〇九年までは琉球王国の版図であり、王府の任命したノロ神女組織のもとで人々の生活が営まれていた。人間の生死から世の中の吉凶すべてが，神々の存在を信じた中にあった時代の祭司行事が伝承されることなく，途絶えてしまった。なぜであろうか。その解答は今だに研究されていない。不思議な現象である」［先田　二〇〇四：二二］。

確かに、奄美諸島から八重山諸島までの琉球弧の島々で、「不思議な現象」としか言いようのないほど、ものの見事に女性神役の主導する祭祀儀礼が途絶し、その遺品もほとんど残していないのは沖永良部島だけである。先田の指摘はまさにそのとおりなのである。

与論島でもそれは途絶しているものの、沖永良部島とは異なり、理由も時期も明らかである。小園公雄は「現在与論にノロが残っていないのは明治初年の廃仏毀釈の際、ノロの祭は廃止になり、徹底的に追放消滅に追いやられたからである」と指摘している。そして、与論島では「ノロの実在」したことが、ある旧家の文書によって証明され、さらに「ノロを指導監督するオーアム」と称される女性神役も存在したことが確認されている［小園　一九八八：二〇七］。

そのように、歴史的な背景に違いはあるものの、沖永良部島と与論島では結局ノロを中心とする神役達の祭祀儀礼そのものが途切れてしまっていると同時に、集落相撲も行われていないのである。

ただ、誤解のないように、二点ほど断っておきたい。一つは、両島とも神社における奉納相撲は行われていることである。与論島では琴平神社で、沖永良部島では高千穂神社と四並蔵神社で、それぞれ行われている。それらの奉納相撲は集落単位ではなく、それぞれの島の全域から参加者を募ることになっている。

また、それが行われるようになった時期も新しい。琴平神社では「古来よりの伝統行事ではなく、戦後坂本原澄氏が相撲協会を設立してから行われるようになった」［野口　一九八八：一〇八六］。高千穂神社では、奉賛会の代表者によれば、平成一六（二〇〇四）年から始まった。

四並蔵神社に関しては正確な開始時期は不明であるが、今年（二〇一八年）八〇歳で、昭和三三（一九五八）年の祭典相撲に参加した話者によれば、現在のような常設の土俵以前の記憶は無いとのことなので、祭典相撲で本格的な土俵が登場する昭和三〇年代以降のことと見てほぼ間違いないであろう。

要するに、与論島と沖永良部島における神社での奉納相撲は、集団の規模もまた歴史的な背景もこれまで述べてきた集落相撲とは明らかに異なる。両者は同列に並べて扱うわけにはいかないのである。

もう一つは、沖永良部島において集落を単位とする相撲大会が青年団などの企画で行われている例のあることである。たとえば、知名町田皆ではお盆の午前中に子供たちの相撲大会が開かれる。その目的は集落のお年寄り達を喜ばせるためであるとされている。他の二、三の集落でも敬老会などで集落単位の大会が行われている。ただ、それらは開催日が区々で、開催する集落の数も少なく、散発的である。*1 よって、そのような事例があることは認めた上で、北奄美の祭祀儀礼を背景にした豊年祭相撲などと同列に置いては扱わないことにしたい。

さて、確かに、沖永良部島や与論島などと同様に、徳之島においてもノロなどの施行する村落の祭祀儀礼は途絶えている。たとえば、私が二〇一一年から数年間現地調査を行った伊仙町では、全ての村落において全くといっても過言でないほど人々の記憶から消えてる［津波　二〇一五：四〇］。また、それは徳之島町や天城町においても同じである。

その理由は、「安政二年（一八五五）に徳之島代官速水郷右衛門が呪詛禁止令を布達し、神立女、神木屋、ヨタを厳禁」したからである［坂井　一九九二（一九一七）：一〇〇―一〇二］。「神立女」は女性神役、「神木屋」はアシャゲ、ヨタは民間の巫者であるユタをそれぞれ意味すると解される。明治へと時代が大きく変わる僅か一〇数年前に、その「厳禁」によってノロを中心とする神役の集団およびそれの施行する祭祀儀礼は途絶したのである。

ところが、沖永良部島や与論島とは異なり、徳之島ではそれが途絶しても、豊年祭の関連行事である綱引きや相撲は存続した。つまり、ノロ制度だけでなく、それに纏わる諸行事までも沖永良部島と与論島では消滅したことになるのに対して、徳之島ではそうではなかったことになる。

三　徳之島の集落相撲

徳之島における集落相撲の変化に関しては、二つの点を既に明らかにした。一つは、天城では大正初期頃まで最初から組み合って勝負するマージマ（真相撲）が行われたようであるが、その後は師範学校や中学などに進学した学生達の影響で大和相撲に変わったことである。「土俵」は土砂俵で、勝負は三本勝負であった。なお、東天城は大正五（一九一六）年に天城村から分離し、さらに昭和三三（一九五八）年には亀津町と合併し、徳之島町となった。合併以前における集落相撲の変化や協会相撲への参加状況は天城と同じであった。

もう一つは、伊仙において伝統的島相撲は大正年間までしか行われず、それ以後は叶の「教え」で折衷的島相撲に変わり、木之香のような例外を除いて、さらに戦後になって大和相撲に変わったことである。つまり、伝統的島相撲からいきなり大和相撲に変わったのではなく、間に折衷的島相撲の時期があったのである。

それらの点を踏まえながら、昭和三三年に東天城村と合併する以前の亀津町の事例を見ていきたい。今年（二〇一八年）三月に、伊仙町歴史民俗資料館の学芸員、常未来氏の紹介で、亀徳在住の秋丸《あきまる》十朗氏宅を尋ねた。秋丸氏は大正十一（一九二二）年生で、数えの九五歳である。若い頃は町会議員もされた、地元の有力者である。

秋丸氏は相撲にはあまり興味がなかったものの、小さいときから高等科までは、「部落行事」の相撲大会には出たとのことである。その「小さいとき」を七、八歳ぐらいだとして計算すると、昭和一桁の初期にあたる。

当時は毎月というほど「部落行事」があり、一年に何度も相撲を取る機会があった。今日では住民も少なくなり、「部落行事」も相撲もなくなった。

当時のドヒョウは「部落の浜」に造った。浜の砂の上に綱の「俵」を置いただけだった。秋津神社のドヒョウも奉納相撲を取るたびに平らなところに砂を運び入れたものだった。戦後になって、亀徳小学校に土を固めて造ったドヒョウが出来た。ただし、その「俵」の内側には砂が入れられていた。土だけで固めたドヒョウは、昔はなかった。それは非常に新しい。

相撲のことをシマという。小さいときに取っていた相撲は、最初から組み合い、体の一部でもドヒョウにつけば負けだった。また、ドヒョウから出ても負けだった。二回相手を負かさないと勝ちにならない勝負だった。ほとんど投げ合いで、押したり引いたりはなかった。相手の背中を土につけるまで勝負する相撲は聞いたこともない。

大略、以上のように秋丸氏は語ってくれた。それによれば、昭和初期には砂俵で組み合う三本勝負で、勝敗の決し方は全て大和相撲と同じという、折衷的島相撲が行われていた。伝統的島相撲についてては「聞いたこともない」のである。戦後になって、折衷的島相撲から大和相撲に変わったのである。

大和相撲に変化した後も、旧亀津町内では亀徳と同じように、浜辺のドヒョウで取組を行っていた。たとえば、母間では四〇年ほど前まで、青年団主催で豊年祭に相撲大会が行われた。浜辺にロープで円を造っただけのドヒョウだった。また、亀津集落では浜辺で砂を盛り上げてドヒョウを造ったとされている。

要するに、徳之島の四つの旧町村における集落相撲の変化は二とおりに分けて把握できる。天城と東天城では大正年間に伝統的島相撲から伝統的大和相撲に変わった。伊仙や亀津でも、だいたい大正年間あたりに伝統的島相撲から折衷的島相撲に変わり、戦後になって伝統的大和相撲に変わった。

現在、徳之島における集落相撲はどのような状況にあるのであろうか。主に「土俵」に着目して、伊仙町の状況を見てみよう。一九七八年に刊行された『伊仙町誌』で泉昭久は次のように述べている。旧暦「八月の一四日には全家庭から集めた藁で、それぞれの部落の当番の組が、四つあみの大綱をつくり、一五日の満月の出とともに全部落民総出で、綱引きをする。綱が切れるまで綱引きをして後、その綱で土俵をつくり子どもから青壮年の相撲や老若男女の手踊りを、一重一びんの祝宴をしながら夜おそくまで楽しむ」〔泉　一九八七：五四五〕。

泉の記述で、「綱引きをして後、その綱で土俵をつくり」としている点は参考になる。しかし、どのような「土俵」なのか、どのような「相撲」なのかについては、残念ながら言及していない。それらに関して、聞き取り調査を行った結果、伊仙町における現状はだいたい次の三とおりになるようである。

一つ目は、阿権神社の広場で行われているように地面に円形にロープを少し埋めるだけの「土俵」である。二つ目は、綱引きの後に綱で丸く「俵」を造り、円の中に砂を入れる「土俵」すなわち砂俵である。木之香以外に東伊仙でもそれが用いられている。三つ目は、常設の土俵である。上面縄・東面縄・阿三などがその例である。

それらの「土俵」の違いに関係なく、木之香以外はすべて一本勝負の大和相撲が行われている。興味深いことに、集落相撲を行うたびに砂俵を造っている東伊仙と木之香では、男女関係なく取組に参加可能である（写真1・写真2参照）。

写真１　東伊仙の砂俵

写真２　東伊仙の取組

伊仙町全域で常設の土俵を設置している集落は上記の三集落以外にはない。ここでは上面縄についてのみ簡単に触れておきたい。上面縄では集落のほぼ中央部に生活館（公民館）があり、その庭に矢倉付きの土俵が設けられている（写真3参照）。旧暦八月一五日には生活館の前の道路で綱引きが行われ（写真4参照）、翌一六日には集落の相撲大会と八月踊りが行われる。

その土俵が造られたのは昭和四〇年代のことである。それ以前は、綱引きで使った綱で「円を作り」、そこに砂を入れ、シマジマ（島相撲）を行っていた。最初から組み合って、二回相手を倒せば勝ちとする折衷的島相撲であった。土俵を造った後は、一本勝負のヤマトゥジマ（大和相撲）に変わった。[*2]

綱引きの綱で「土俵」を造ったとする『伊仙町誌』の記述は、上面縄に関して言えば、昭和三〇年代頃までの様子ということになる。また、その「土俵」はこれまで述べてきた砂俵だったのである。つまり、上面縄においては昭和四〇年代頃になると、砂俵から土俵、三本勝負から一本勝負、折衷的島相撲から一般的大和相撲へと変化していたのである。

伊仙町には、明治四一（一九〇八）年の島嶼町村制施行以前は一七の「村」があり、今日では三一の行政区（普通、「集落」と称されている）に分けられている。「村」であれ「集落」であれ、その数に比べて、土俵の数は少ない。臨時的に造られる土俵もないのである。

念のため、徳之島町や天城町にも電話インタービューで確かめてみた。徳之島町の郷土資料館によれば、町内に常設の土俵を設置している集落は皆無である。下久志の十五夜相撲はインターネッ

写真３　上面縄の土俵

写真４　上面縄の綱引き

トでも紹介されるほど有名であるが、土俵は臨時的に造っている。天城町の歴史民俗資料館ユイの館によれば、一四集落のうち、松原西区と浅間の二集落だけに常設の土俵がある。

北奄美に比べると、その数の少なさは歴然としているし、内容的な違いも顕著である。賑やかな「中入り」もなければ、男の赤ちゃんの健康願いとされる「土俵入り」もない。また、松原上区や亀徳のように、多くの集落で相撲が途絶えている。北奄美と南奄美では、いろいろな点において違いが認められるのである。

四　おわりに

徳之島における集落相撲を古老達からの聞き取りによって振り返ると、天城や東天城であれ、伊仙や亀津であれ、大まかに大正年間が伝統的島相撲に変化の起きた時期として浮かび上がってくる。話者達の証言を手短に再確認すると、次のとおりである。

昭和二（一九二七）年生の伊仙町阿権の話者によれば、「相手の両肩を地面につけたら勝ちとするシマジマは一回り先輩達まで」行っていた。大正一五（一九二六）年生の天城町松原上区の話者は、最初から組み合う相撲をやったのは「大正初期まででではないか」とし、「相手の背中を地につけることで勝敗を決したという話は聞いたことがない」と語る。大正十一（一九二二）年生の亀徳の話者は、「相手の背中を土につけるまで勝負する相撲は聞いたこともない」と述べている。

それらから明確に言えることは、大正末期から昭和初期にかけて生まれた話者達は実際に伝統的島相撲を経験していないということである。それを踏まえ、さらに伝統的島相撲が行われたのは「大正初期まででではないか」と、ハッキリ時期を区切って発言する話者もいることからすると、大正年間でも初期頃までしか行われていなかった可能性もあることに留意しておく必要があるであろう。

当然ながら、集落相撲の性格上、大正初期に全ての集落で一斉に変化したと見なす必要はないであろう。また、口頭伝承の性格上、それから無理矢理絶対年代を導き出さなくても良いであろう。むしろ、大正初期頃の可能性を示唆する口頭伝承があることを一応は念頭におき、次により確実な根拠を求めるべきであろう。

集落相撲の変化に関する文献資料がないか、調べてみたのであるが、残念ながら見当たらない。ただ、徳之島内において集落を越えた規模の広域相撲が大正初期に行われなくなったとする、ある集落誌の記述があるので、次章で改めて、それと集落相撲における伝統的島相撲の変化とを関連づけて捉えてみたい。

註

＊1　知名町における相撲の現状に関しては知名町役場企画振興課の西田朋平氏にいろいろと教えて頂

いた。また、話者の紹介もして頂いた。記して感謝申し上げます。氏によれば、集落や学校に幾つか古い土俵があるが、現在使われていないとのことである。恐らく、祭典相撲の頃に大和相撲を普及するために設えられた練習のための土俵であったと思われる。

＊2　話者によっては、単にシマとスモウで、島相撲と大和相撲を区別している。なお、面縄の土俵に関しては前の拙著の説明［津波　二〇一二：一一九］と少し異なる。本書の説明に訂正したい。

第九章　近世からの歩み

一　研究史の問題点

明治二八年の吉満義志信『徳之島事情』から、大正六年の坂井友直『徳之島小史』および大正一〇年の坂口徳太郎『奄美大島史』を経て、昭和二四年の昇曙夢『大奄美史―奄美諸島民俗誌―』に至るまで、地元の研究者達は北奄美においては「内地一般」あるいは「日本一般」の大和相撲、南奄美においてはそれと異なる島相撲がそれぞれ行われていると説明してきた。果たして、それで良かったのであろうか。改めて、明治以降の奄美における相撲の状況と研究史における問題点を検討してみたい。

大島郡全郡規模の広域相撲は戦後に始まったのであり、戦前まではなかった。しかし、大島や徳之島では戦前でもそれぞれの島の規模で集落を越えた広域相撲が行われていた。再三述べているように、広域相撲はルールが共有されていないと成立しない。変化はするとしても、同時的でなければばならない。利用可能な資料は限られているものの、それぞれの島における明治以降の広域相撲を検討すれば、地元の研究者達が十分に把握できずに等閑視してしまった問題点も浮かび上がってくるのである。

大島を先に取り上げよう。奄美市笠利出身で、相撲好きな渡俊夫氏（昭和三年生）は次のように語ってくれた。「明治の末から大正の始め頃まで、間切相撲と称して大島内の町村間で相撲大会が開かれた。それは幾つかの町村間だけの大会だったので、大島全町村の大会にするために、後に大島角力協会ができた。笠利では毎年一〇月一六日に日清・日露両戦争で亡くなった英霊の慰霊祭に招魂祭相撲を行っている。笠利内の校区対抗である。それは二〇一〇年で一〇三年目になる。明治の間切相撲はその一年前から始まった」[*1]。

話者は出身地である笠利の招魂祭相撲と比較しながら話しているので、「間切相撲」開始の年に関しては正確な情報だと判断される。そのとおりに計算すると、一九〇六年すなわち明治三九年に始まったことになる。それが大正初期に終わり、大正九（一九二〇）年に「大島角力協会」が発足したのである。

その発会式の様子を知ることのできる貴重な写真が奄美博物館に所蔵されている。「大正九年十一月一日大島角力協会発会取組力士」と記され、総勢五〇人余の「力士」が写っている（写真1参照）。それによって、当時はでっぷり太ったアンコ型の「力士」はおらず、いかにも腕っ節の強そうな筋肉質の「力士」だけであったことが分かる。と同時に、当時の「土俵」についても知ることが出来る。[*2]

その写真は全ての取組が終わった後に撮影されたようである。俵の内側は激戦の跡を物語り、真ん中の部分がへこみ、綱で造られた仕切り線も外れている。それを見ると、俵の外は土で固め、内には砂を入れた土砂俵である。その「角力協会」は昭和七（一九三二）年まで続くので、大正から昭和初期にかけての大島規模の広域相撲は、土俵ではなく、土砂俵で行われたことが分かるのである。

ただ、その写真では勝敗の決め方までは分からない。しかし、他の資料に当たると、当時も三本勝負だったことが確認できる。大正三（一九一四）年、紬の仲買人達によって仕組まれた大熊と戸口、「両部落」の対抗相撲に関する報告がある。それによれば、「両方六人の力士で各々二番相撲であった」［亀井　一九七三：四五］。その「二番勝負」

写真１　大島角力協会発会取組力士

は、本書にいう三本勝負である。なお、出場した力士のうち、最年長者は明治一三年生で、当時数えの三五歳、最年少者は明治二七年生で二一歳である［亀井　一九七三：四六］。いずれにしても、明治期の相撲を身につけていたことになる。

今のところ、明治期の写真や図および記録などが見つかっていないのは残念であるが、大正九年の「角力協会」の写真、および大正三年の大熊と戸口の相撲とそれに参加した「力士」達の年齢などを踏まえると、ほぼ察しが付く。明治期の広域相撲も土砂俵における三本勝負の大和相撲だったのである。

残念ながら、大島のように写真や具体的事例の報告など、分かりやすい、明確な資料は徳之島では探し出せない。しかし、大正期における広域相撲の状況が辛くも窺える文献資料が一つだけある。天城町の『集落誌　前野』に記された次の短い文章である。

八月十五夜行事の翌日に行われる「ナーチャ十五夜は徳之島全島行事として又は三間切行事として島相撲（島相撲背中を確実につけさせた時、勝ちとする）と、闘牛が盛大に行われていたが、大正の初めからナーチャ十五夜はしなくなり、十五夜一日で終わるようになった。現在、相撲、綱引、八月踊り等がまちまちではあるが、各集落で実施されている」［〝集落誌前野〞編さん委員会編　一九九四：四〇］。

いささか理解しにくい文面であり、また分量的にも僅かであるにしても、「大正の初め」から八月十五夜の翌日の行事である「ナーチャ十五夜はしなくなり」とし、その中に「三間切行事とし[*3]

て」の「島相撲」が含まれていたとする点は、「背中を確実につけさせた時、勝ちとする」とする「島相撲」の説明とともに、決して見落としてはいけない、貴重な情報である。加えて、「現在、相撲、綱引、八月踊り等がまちまちではあるが、各集落で実施されている」とする点も、その土地における相撲の変化に関する理解の仕方として重要である。

その記述によれば、大正初期に広域相撲として行われていた「島相撲」はなくなり、その後から「現在」の八月十五夜の「相撲」（大和相撲）が「各集落」で行われている、というのである。それらの点を看過することなく、広域相撲におけるルールのあり方や集落相撲の変化などと関連づけて捉える必要があるのである。

第五章で述べたとおり、戦後、南奄美から全郡規模の広域相撲への参加は、北奄美の伝統的大和相撲のルールに南奄美が合わせることで可能となった。徳之島において徳之島なりの広域相撲がなくなったということは、それとはまったく逆の過程を経たことになる。つまり、従来あった一定のルールが複数の異なる方へ変化し、その結果として、広域相撲が成り立たなくなったと考えられるのである。

徳之島「三間切」規模の広域相撲でも、広域相撲である以上、共通のルールに拠って行われていたであろう。そうであれば、それは伝統的島相撲を置いてはありえない。それが天城や東天城では伝統的大和相撲に変化し、伊仙や亀津では折衷的島相撲に変化したとなると、実際上、「三間切」による広域相撲は成り立たなくなる。徳之島の各集落における伝統的島相撲の変化と広域相撲のルールのあり方とを関連づけて捉えると、そのような理解になるのである。

その理解に立てば、徳之島における集落相撲の変化は大正初期に起きていたことになる。また、「三間切」の「島相撲」がなくなったから集落相撲に変化が起きたのではなく、その逆で、集落相撲の変化が広域相撲を消滅させたことになる。さらに、その延長上に、戦後の全郡規模の広域相撲に天城や東天城がいち早く参加したこと、伊仙や亀津はそれらよりも遅れて参加したことなどの事実が位置づけられるのである。

以上の諸点に照らすと、明治以来の研究者達の見解には大枠として二つほど首肯できない点がある。一つは、北奄美における「大和相撲」は地元研究者達が思っていたほど「内地一般」に行われていたものではなかったことである。広域相撲では、昭和三一年になって土砂俵から土俵に変わった。また、昭和三三年に三本勝負から一本勝負に変わった。その後、集落相撲では諸種の「土俵」を維持したり、あるいは土俵に変えたりしながら、三本勝負から一本勝負へと変化していったのである。その様相は、広域相撲も集落相撲も、ともに地域的な伝統色に彩られた明治期からの相撲が戦後になって「内地一般」の相撲へ変化する過程をくっきりと浮かび上がらせているのである。

もう一つは、徳之島における伝統的島相撲から二つの異なる種類の相撲への変化を把握できずに、吉満の説明を戦後に至るまで踏襲してきた点である。南奄美における「島相撲」は大正初期以降、「島相撲」と言うだけでは割り切れない状況になっていた。すなわち、伝統的島相撲と折衷的島相撲および伝統的大和相撲の三種が混在していたのである。その状況を地域ごとに把握し、説明すべきだったのである。

南奄美の島相撲に関する説明で、なんら訂正せずに受け入れて良いのは、ぎりぎり大正六年の坂井友直までであろう。大正一〇年の坂口徳太郎の頃からは、徳之島において既に変化が起きていたと思われる。昇曙夢『大奄美史―奄美諸島民俗誌―』が刊行された頃には、伝統的島相撲を行っていたのは沖永良部島の知名と与論島だけで、しかも知名においては変化が進行中だったのである。

二　近世の相撲

吉満義志信の『徳之島事情』は明治二八（一八九五）年に執筆されており、研究史の流れの中では、一旦その時点での相撲に関する説明として位置づけせざるを得ない。しかし、それだけで終わってしまうと、吉満がその書を執筆した意図を十分に汲み取ることにはならない。

吉満は「凡例」で、「明治の世に生まれたる諸子は廃藩前の古風人情は夢だに知らざるもの多し。是れ寔に憾とする所なり。故に之れを世々永く知らしめ彼我の記憶の一端に供せんとするには、一冊子を著し既往百般の要緊を輯み置かざるを得ず[*4]」と述べている。つまり、明治に生を受けた者たちへ「廃藩前の古風」を書き残したいと願っているのである。

実際に、「第三章　風俗」では「容貌は明治八年前までは、琉球人の如く、男女とも結髪して銀（上等人）又は銅笄を差し、衣服は広袖にして、帯は前結なりしが……」［吉満　一九六四（一八九五）：一九］という具合に、明治になってからの変化に言及しつつも、それ以前の、すなわち近世の「風俗」の説明を行っている。二六頁から二七頁の間に挿入された二三枚の図には、その「風俗」が描かれているのである。たとえば、琉球風の結髪や笄、それと対照的な役人達の丁髷や紋付き羽織などである。

したがって、吉満の意図まで汲み取ると、その相撲に対する記述は明治二八年の時点での説明あると同時に、「角力の圖」（第七章図1参照）とともに、それ以前の、少なくとも近世末期頃に関する説明でもあると理解せねばならないことになる。そうすると、「角力の圖」に描かれた力士達の琉球風の「結髪」や「笄」も合点がいくのである。頭はその形で、褌姿に帯をまき、その帯を最初から掴み合って投げあう「角力」だったのである。つまり、大正初期頃まで徳之島で行われていた伝統的島相撲は近世まで遡って確認出来ることになるのである。

それに対して、近世の北奄美、特に大正期における大和相撲の状況が分かっている大島ではどうなのであろうか。近世まで遡っても、同じようにそれが確認出来るのであろうか。どうしても、気になるところである。

幸いにして、それに関しては二つの資料が利用できる。一つは『南島雑話』の「嶋人相撲」の図である（表紙参照）。もう一つは『琉球嶌真景』の第一〇景に描かれた相撲の絵である（表紙参照）。普通、文献資料に相撲の字句があるだけでは、如何なる相撲かはよく分からない。しかし、それら二つは絵画資料であるがゆえに、近世の大島における相撲の具体像が見て取れるのである。『南島雑話』は、宮本常一・原口虎雄・比嘉春潮編『日本庶民生活史料集成　第一巻　探検・紀行・地誌（南島篇）』［一九六八］に収載され、また国分直一・恵良宏校注で平凡社東洋文庫431・432［一九八四］としても刊行されている。細かいことについてはそれらの解説に譲ることにし、ここではそれの描かれた時期についてのみ確認しておきたい。

『南島雑話』の著者、名越左源太は嘉永二（一八四九）年におきた薩摩藩のお家騒動に連座したために、嘉永三（一八五〇）年三月大島遠島の刑に処せられ、奄美大島名瀬間切の小宿村に安政二（一八五五）年四月まで配流の身を送っていた［国分　一九八四：二三四］。「嶋人相撲」の図はその間に描かれたことになる。大まかに、一八〇〇年代中頃のものと理解できるのである。なお、『南島雑話』の原本は奄美博物館に所蔵されており、本書の表紙の「嶋人相撲」の絵もそれを用いている。[*5]

第四章でも少し触れた『琉球嶌真景』は沖縄県名護市の文化財に指定され、名護市立名護博物館に所蔵されている、縦四二センチ、横一四メートルに及ぶ絵巻である。[*6] その中に、幅一メートル二〇センチの絵が十一景収められている。作者は江戸時代後期の四条派の画家、岡本豊彦（一七七三〜一八四五）に間違いないであろう、と専門家の間で意見が一致している。

その第一景に、一八〇一年から一八七一年までの七〇年間、現在の奄美市名瀬矢之脇町に所在した伊津部仮屋（代官その他の詰め役人の居所兼役所）が描かれている。その期間に、さらに岡本の没年を重ねると、一八〇一年から一八四五年の間に『琉球嶌真景』は描かれたことになる。つまり、第一〇景に描かれた相撲の絵は、大雑把に一八〇〇年代前半のものと理解できる。その場所は名瀬のウドゥンバマ（御殿浜）と見られる（表紙参照）。なお、『琉球嶌真景』に描かれた十一景の絵画は『日本近世生活絵引　奄美・沖縄編』に収められている［『日本近世生活絵引』奄美・沖縄編編纂共同研究班編　二〇一四：九九—一三九］。また、それには川野和昭の優れた解題と考察も加えられている［川野　二〇一四：一八三—一九三］。

近世のそれら二つの絵には、明らかな共通点が一つある。両者とも「力士」がマワシを締め、相手の手首を掴んだり、押し合ったりしている。『徳之島事情』の「角力の圖」と比べると、違いは一目瞭然、大和相撲が描かれているのである。すなわち、それら二つの絵によって、一八〇〇年代の前半および中頃に大島において間違いなく大和相撲の行われていたことが確認されるのである。

それら二つの絵には大きく異なる点もある。『琉球嶌真景』では姿形から薩摩の役人や島の役人と思われる人物達、およびそれら役人の奥方とおぼしき婦人などを始め、控えの力士、一般の見物人などが多数にぎにぎしく描かれているのに対して、「嶋人相撲」では僅かな人数しか描かれていない。つまり、前者は明らかに何らかの広域相撲であり、後者はそうではなく、せいぜい集落相撲かあるいは個人的なレベルの相撲である。

一体、『琉球嶌真景』に描かれた相撲は、如何なる広域相撲だったのであろうか。それを窺うことのできる格好の資料が『大和村の近現代　大和村誌資料集1』に収載されている。菊池義顕「浦内沿革誌」［菊池　二〇〇三（一九五一）］である。

それによれば、現在の奄美市名瀬矢之脇町に大島七間切を統括する役所として伊津部仮屋があった頃、地方の役所からそこへの人口戸数の報告は七年毎になされた。つまり、七年の間は毎年の戸籍変動を地方役所で把握し、七年分一纏めにして名瀬の間切役所の原簿に登載した。地方役所員は与人以下総出で担当間切役所に出張し、事務を執らなければならなかった。一五日ぐらいかかって一斉に終了すると、代官以下鹿児島武士の臨席の下に、事務終了祝の名によって、大祝宴が催され、余興として七間切相撲大会も催された。その見物に一般民も地方から名瀬へ集まり、盛況を極めた。それは旧藩時代において取りわけ賑やかな行事であった［菊池　二〇〇三（一九五一）：八一―八二］。

「浦内沿革誌」は旧藩時代における人口調査に関する伝承を戦後に記述したものである。当時は『琉球嶌真景』の所在すら知られていなかったので、菊池の記述はその相撲の絵を念頭に置いていたわけではない。『大和村誌』の資料編が刊行された時点で、『琉球嶌真景』第一〇景の相撲が「浦内沿革誌」の七間切相撲大会の記述とぴったり合うことが分かったのである。代官以下の薩摩からの役人達および与人以下の島役人達が主導した七年に一度の広域相撲、それが『琉球嶌真景』の相撲だったのである。

その「土俵」は如何なるものであったのであろうか。奄美においては広域相撲でも戦後、昭和三一年に土砂俵から土俵に変わったこと、および絵そのものが「土俵」の上を白く描いていることを考慮すれば、土俵そのものではなく、外枠だけ土で固められた土砂俵だったと理解した方が妥当だと思われる。つまり、薩摩からの役人達や島の役人達が楽しみにした七年に一度の七間切相撲大会で、戦後の協会相撲と同じように、ウドゥン浜特設土砂俵を設けた、と理解できるのである。

その線上で対比しつつ、「嶋人相撲」の「土俵」も捉えたい。戦前から戦後じきに至るまで北奄美各地の集落相撲で用いられた「土俵」は全て砂俵だった。その点を想起すれば、「嶋人相撲」の「土俵」は砂俵以外にはあり得ないであろう。

『徳之島事情』の「角力の圖」、『南島雑話』の「嶋人相撲」、『琉球嶌真景』の第一〇景などによって、近世末においても北奄美の大和相撲、南奄美の島相撲という「二種の相撲」があった事実は確認出来るのである。また、大島の広域相撲においてはその当時から土砂俵が用いられていたこともほぼ間違いないと思われる。ただし、それらによっても、勝敗の決し方が三本勝負だったか否かは分からない。その点は致し方ないであろう。ただ、考え方としては、昭和三三年に一本勝負に変わるまではずっと三本勝負だったと見なす以外にはないであろう。

三　近世からの歩み

通例だと、何らかの歴史を扱う際には、古い時代から新しい時代へと順に述べることになるであろう。しかし、本書ではそれとは逆に、新しい時代から古い時代へと記述を進めてきた。民俗学では特定の研究課題について、まず現在形の理解を目指して観察と聞き取りを行う。そして、それで事足りる場合もあれば、さらに必要に応じて、伝承や文献あるいは図像などを用いながら過去を復元し、変化の過程を見渡すことにもなるのである。

本書はその民俗学の手法による奄美の相撲の研究であり、新しい時代から古い時代へ遡りながら、その変化を追ってきた。最後に、奄美の相撲に関して、私が知り得た最も古い様相を伝える資料を取り上げ、その後の変化の過程について述べることにしたい。

実は、その資料は文献や図像ではなく、口頭伝承である。大和村の集落相撲において組み相撲から立ち会い相撲に変わったという伝承を聞いたのである。奄美における相撲の歴史を理解するうえで、きわめて貴重であると思われる。

話者は昭和三年生で、自身も相撲の強かった中山高栄元大和村教育長である。中山氏によれば、同じ大和村の出身で、相撲の強い、三〇歳ほど年上の先輩がいた。「その先輩は、明治元年生まれの私の祖父と同じ世代の先輩から『昔は、今のように仕切って立つ相撲ではなくて、最初から腰に捲かれた帯を掴んで勝負する相撲だったと年寄りから聞いたことがある』と教えられた」。つまり、中山氏は先輩の先輩がさらに「年寄り」から聞いた話を伝え聞いたのである。

明治元年すなわち一八六八年頃に生まれた人が「年寄り」から聞いた「昔」をどう理解すればよいのであろうか。それが重要なポイントになるが、私のこれまでの経験では、実際の聞き取り調査における「昔」は、話者自身の若い頃か、あるいは一世代前という程度の意味で使われることが多い。ここでもそう理解し、その「年寄り」が一八〇〇年頃の生まれだとすると、大まかにその「昔」も一八〇〇年前後になるであろう。時期的には『南島雑話』の「嶋人相撲」よりは前で、『琉球嶌真景』とは同じ時期か、あるいは少し前となるであろう。

口頭伝承なので、絶対年代について曖昧さを伴うのはやむを得ないであろう。それはそれとして、ここで肝心なことは、その伝承が土地の人々なりの言い方で北奄美における相撲の変化を語っている点である。それを今まで述べてきた二種の相撲によって我々なりに説明し、理解することも可能である。すなわち、近世のある時期に伝統的島相撲から伝統的大和相撲に変化したのである、と。

その理解に立てば、次のような事例も納得できる。大正一四年生の晨原《あさはら》光男氏によれば、「戦前の大和村国直では豊年祭に浜辺から砂を運んでドヒョウを造り、仕切って立つ相撲を取った。しかし、普段の練習や楽しみで取る相撲は砂浜でやった。子供達だけでなく、青年達もやっていた。ドヒョウを造らず、服も普段着だった。豊年祭の相撲と最も違う点は両手をついて仕切ってから立つのではなく、最初から相手のバンドや帯を掴んで勝負したことである。ドヒョウがないので、寄り切りや押し出しなどの技はなく、最初から組み合って、相手を投げる技を競う三本勝負だった。国直に来ていた沖縄の漁師達から聞いた沖縄の相撲とまったく同じだった」。

その国直の話者の実体験は伝統的大和相撲よりも前に伝統的島相撲があったと見なければ、到底理解不可能である。集落相撲では伝統的大和相撲が行われるようになっても、個人的な楽しみとして、並行して存続し続けた伝統的島相撲の存在を示しているのである。

その事例もさることながら、何よりも伝統的大和相撲と伝統的島相撲の共通点に注目せねばならないであろう。これまで述べてきたとおり、両者は仕切って立つか、最初から組み合うかの違いはあっても、砂の上で投げ技中心の三本勝負を行う点では共通している。仕切って立っても、「相撲は掴まえて投げるもので、それ以外は相撲ではない」と考えられていたのであり、その意味では実質的に最初から組み合うことと大きな隔たりはないのである。伝統的大和相撲が伝統的島相撲に由来することは、口頭で伝承されているとおりだと理解せざるをえないのである。

とはいえ、南奄美では近世以降も伝統的島相撲が継続したのに対して、なぜ北奄美では近世のある時期に伝統的大和相撲に変わったのであろうか。恐らく、その疑問を解く鍵となるのが『琉球嶌真景』に描かれた相撲だと思われる。先田光演はそれに「大和相撲」が描かれていることについて、次のように述べている。

「これを見物しているのは代官所の役人達である。鹿児島から派遣されていた彼らは大和相撲を好み、相撲大会の開催を島役人に要求したのではないか。こうして彼らの『御慰み』のため開催されるようになった相撲大会の様子を『真景』は描いているものと考えている」［先田　二〇一五：一二］。

私なりに換言すれば、当時の「島相撲」は北奄美における内的要因によってではなく、代官所の役人達の要求という外的要因によって「大和相撲」に変わったとする見方である。確かに、大枠としてはそう捉える以外にないであろう。

それを是認した上で、広域相撲において最も基本的な一定のルールという観点からさらに掘り下げたみたい。まず、『琉球嶌真景』第一〇景で取り組んでいる二人の「力士」の髪形に注目したい。それは吉満の『徳之島事情』に描かれている結髪、また名越左源太の「嶋人相撲」に描かれている結髪とも異なり、丁髷である（表紙参照）。それに止目すると、代官所の詰め役人達は「御慰み」として島役人達に「大和相撲」を要求しただけではなく、自分たち自身も実際に相撲を取って楽しんでいたことになる。

「七間切相撲大会」における実際の取組に詰め役人達も参加し、大和相撲が行われた。たとえば、オリンピックで日本選手に不利なルールの変更がなされるように「生島　二〇〇三：一四」、「七間切相撲大会」は島人からすれば不公平の最たるものである大和相撲のルールで行われていたわけである。支配・被支配の関係の中で、その不公平を否応なく受け入れざるを得なかったのであろう。つまり、北奄美における島相撲から大和相撲への変化は、薩摩の詰め役人達が「御慰み」として広域相撲へ参加したことに起因する、強いられた変化だったと考えられるのである。

島相撲ではなく、大和相撲のルールに則って勝敗を決したとなると、いったい行事は誰が務めたのであろうか。島相撲しか知らない者にそれが務まるはずはないし、たとえ大和相撲に精通していたとしても、取組をしている「力士」達が役人となると、軍配裁きにもそれなりに権威が必要だったはずである。『琉球嶌真景』に描かれた行事は、丁髷姿で、口髭まで生やしていて、取り組んでいる「力士」達よりも威厳に満ちた詰め役人のようである（表紙参照）。『南島雑話』の「嶋人相撲」の行事が琉球風の結髪をしていることとは好対照である。

結果論的にいえば、否応なく、変化を強いられた側にも、島相撲を取ってきた者達の基本的な姿勢として、一貫した受け入れ方があったと考えられる。組み相撲を立ち会い相撲に変える点だけは受け入れ、それ以外はまったく従前どおりにしたのである。伝統的島相撲と伝統的大和相撲が立ち会いという一点を除けば、あとはほとんど同じということがその証左となるであろう。変化した後も、全国的なルールの影響を受けるまでは、ずっと「相撲は掴まえて投げるもの」であり続けたのである。

『琉球嶌真景』以外にも代官所の役人達と北奄美における相撲の関係とを示す資料がある。恵原義盛の記述した豊年祭相撲に関する伝承である。今日、各集落における豊年祭相撲は旧八月一五日か九月九日に行われている。恵原によれば、本来は九月九日であったが、「八月一五日にとるようになったのは旧藩時代に代官仮屋の役人（トノガナシ）達の求めに応じて仮屋所在地を中心とした村から始まり、次第に近隣に広まったものという」。さらに、「仮屋が伊津部（名瀬）へ移ってからは名瀬における十五夜相撲ということが、今日の東京大相撲のような人気で、全島各村から、われこそは島一番の相撲取りとばかり集まり、トノガナシの前で力を競ったという。西郷南洲が龍郷に嫡流中に彼は生来の相撲好きのこととて十五夜相撲には名瀬に出て来て島の相撲自慢の連中と取ったということが語り伝えられている」［恵原　二〇〇九（一九七三）：三四五］。

それによれば、トノガナシたちは豊年祭相撲の挙行日に影響を与えただけでなく、名瀬の十五夜相撲を実質的に広域相撲にした。七年に一度の「七間切相撲大会」よりも毎年開かれる十五夜相撲の方がより人気を博したであろう。伊津部に仮屋があったのは『琉球嶌真景』の相撲や『南島雑話』の「嶋人相撲」が描かれた時期である。当然ながら、名瀬の十五夜相撲もまた「大和相撲」であり、島人だけでなく、代官所の役人達も参加したであろう。そうでなければ、西郷が龍郷からわざわざ名瀬まで出て来て「島の相撲自慢の連中」と相撲を取ることは出来なかったはずである。

代官所の役人達の「御慰め」としての大和相撲に島役人達も積極的に関わった形跡が認められる。龍郷町秋名では、与人が「力士」達を抱えていて、ときどき他の間切と勝負したとの話が伝わっているのである。それは与人が、いわば「与人部屋」のオーナーとなり、普段から自分の「部屋」の「力士」達に鍛錬を積ませていた証だと考えられる。

それはそれとして、『南島雑話』の「嶋人相撲」や『琉球嶌真景』の相撲、名瀬の十五夜相撲などから判断すると、近世のいつかは正確に知り得ないとしても、少なくとも伊津部に仮屋があった頃には代官所の役人達の影響を受けて、広域相撲も集落相撲も、島相撲から大和相撲に変化していたことは間違いないであろう。

要するに、薩摩藩によって奄美が琉球王国から切り離された近世のある時期まで、どんなに時代が下るとしても、一八〇〇年代よりも前までは、奄美全域で伝統的島相撲が行われていた。その後、遅くとも一八〇〇年代前半頃までに、薩摩藩から派遣された役人達の影響を受け、北奄美では伝統的大和相撲に変わった。広域相撲では、それが戦後の協会相撲まで続き、祭典相撲で一般的大和相撲に変わった。集落相撲も、その変化に影響されながら変わり、今日では一般的大和相撲で活況を呈している。[*7]

その一方で、南奄美では大正初期まで伝統的島相撲が継続した。それ以降は地域ごとに伝統的島相撲、折衷的島相撲、伝統的大和相撲に分かれた。戦後になって、伝統的大和相撲を行っていた地域は早々と協会相撲に参加し、伝統的島相撲と折衷的島相撲を行っていた地域は少し遅れ、米軍支配を脱した後に祭典相撲から参加した。今日、集落相撲は徳之島だけで行われていて、一部の例外を除いて、一般的大和相撲へ変化しているものの、北奄美ほどの活気はなく、衰退ぎみである。[*8]

改めて振り返ってみると、世界的にも希有な組み相撲から立ち会い相撲への変化は、近世に始まり、戦後まで続いた。まず近世に北奄美において組み相撲から立ち会い相撲に変化し、その変化した立ち会い相撲の方に、南奄美の組み相撲が大正頃から変化しながら、戦後になって合流したのである。そして、合流後の立ち会い相撲自体もさらに変化し現在に至っているのである。変化の節目節目における大きな要因は、薩摩支配・軍隊と高等教育・米軍支配・日本復帰などであった。結局、奄美の相撲の近世からの歩みは、その数奇な社会変化を背景にして、島相撲という組み相撲から大和相撲という立ち会い相撲へ変化する一連の過程だったのである。

註

＊1　「間切」とは町村に相当する藩政期の行政区画で、大島は笠利・名瀬・古見・屋喜内・住用・西・東の七間切に分けられていた〔松下　一九八三：五〇〕。それは明治四一（一九〇八）年の島嶼町村制施行によって廃止された。

＊2　その写真は奄美市名瀬吉田町の朝清雄氏（故人）から一九九二年に奄美博物館に寄贈された。私は同博物館関係者からその所在を知らされた。二〇一〇年五月一〇日の『南海日日新聞』にも、改めてその所在と意義が報じられた。

＊3　藩政期の徳之島は東・面縄・西の三間切に区画されていた〔松下　一九八三：五二〕。

＊4　読みやすいように、原文の漢字はそのままで、片仮名は平仮名に変えた。そのすぐ後の引用も同じである。

＊5　本書の表紙に用いることを認めて頂いた奄美博物館に感謝申し上げます。なお、名越左源太が『南島雑話』で示した「嶋人相撲」の図と吉満義志信が『徳之島事情』に掲載した「角力の圖」とは好対照をなしている。吉満の図は「島相撲」であり、名越の図は明らかに「大和相撲」である。両者の間の時間差は僅かに四〇年ほどである。吉満は「嶋人相撲」の図を知っていて、意識的にそれとは好対照の「嶋相撲」を描いて見せた可能性はないのであろうか。今後、『徳之島事情』と『南島雑話』に描かれた多くの図との比較検討も必要なのではなかろうか。

＊6　本書の表紙に用いることを認めて頂いた名護市立博物館に感謝申し上げます。

＊7　集落相撲に関しては喜界町も北奄美の他の地域と同じである。しかし、喜界町は戦後の広域相撲には一度も参加していない。その理由は不明である。

＊8　誤解のないように一言断っておきたい。集落相撲が衰退気味だと言っても、その地域で相撲が盛んでないという意味ではない。たとえば、亀津には民間の相撲道場があり、多くのチビッコ達が通い、鍛錬に励んでいることも耳にしている。

参考文献

天城町役場編
一九七八『天城町誌』天城町
生島　淳
二〇〇三『スポーツルールはなぜ不公平なのか』新潮選書
伊仙町誌編さん委員会編
一九七八『伊仙町誌』伊仙町
泉　昭久
一九七八「年中行事」伊仙町誌編さん委員会編『伊仙町誌』伊仙町
伊波　普猷
一九七四（一九三三）「古琉球の武備を考察して『からて』の発達に及ぶ」『伊波普猷全集』第五巻
平凡社
岩倉　一郎
一九四三『喜界島年中行事―喜界島調査資料第五―』日本常民文化研究所
宇佐見　隆憲
二〇〇二『草相撲のスポーツ人類学―東アジアを事例とする動態的民族誌―』岩田書店
恵原　義盛
二〇〇四「スポーツ人類学への誘い」宇佐見隆憲編著『スポーツ人類学』明和出版

二〇〇九（一九七三）『復刻　奄美生活誌』　南方新社
改訂名瀬市誌編纂委員会編
一九九六ａ『改訂名瀬市誌1巻　歴史編』　名瀬市役所
一九九六ｂ『改訂名瀬市誌3巻　民俗編』　名瀬市役所
亀井　勝信
一九七三「大正三年名瀬紬仲買人にしかけられた大熊・戸口の相撲」『奄美郷土研究会報』第十五号
川野　和昭
二〇一四「『琉球嶌真景』考」『日本近世生活絵引』奄美・沖縄編編纂共同研究班編『日本近世生活絵引　奄美・沖縄編』　神奈川大学日本常民文化研究所
菊池　義顕
二〇〇三（一九五二）「浦内沿革史」『大和村の近現代　大和村誌資料集1』　大和村
「郷土の先人に学ぶ」刊行委員会
一九八〇『郷土の先人に学ぶ（下）』　文芸プリント社
幸田　宗行
一九八七『阿権の今昔』　自費出版
国分　直一
一九八四「『南島雑話』の解説」国分直一・恵良宏校注『南島雑話　2　幕末奄美民俗誌』東洋文庫432　平凡社
国分直一・恵良宏校注

一九八四『南島雑話　1　幕末奄美民俗誌』東洋文庫431、『南島雑話　2　幕末奄美民俗誌』東洋文庫432　平凡社

古典と民俗学の会編
一九八五『奄美大和村の年中行事』白帝社

小園　公雄
一九八八「与論の宗教（オーアム・ノロ・ヤブ）」与論町誌編纂委員会編『与論町誌』与論町教育委員会

小林　正秀
一九七八「伊仙町の歴史」伊仙町誌編さん委員会編『伊仙町誌』伊仙町

坂井　友直
一九九二（一九一七）「徳之島小史」『奄美郷土史選集』第一巻　国書刊行会

坂口　徳太郎
一九七七（一九二一）『奄美大島史』大和学芸図書

先田　光演
二〇〇四「沖永良部島研究雑感」『奄美ニューズレター』No.12　鹿児島大学
二〇一五「沖永良部の踊り」『鹿児島民俗』No.147　鹿児島民俗学会

〝集落誌前野〟編さん委員会編
一九九四『集落誌前野』自費出版

前　久茂

二〇一三『前久米の始祖物語』自費出版
寒川　恒夫
一九九五「相撲の人類学」寒川恒夫編著『相撲の人類学』大修館書店
高良　倉吉
一九八七『琉球王国の構造』吉川弘文館
知名町誌編纂委員会
一九八二『知名町誌』知名町
津波　高志
二〇一〇a「総論」大和村誌編纂委員会編『大和村誌』大和村
二〇一〇b「シマごとの姿」大和村誌編纂委員会編『大和村誌』大和村
二〇一二a「組んで始める大和相撲」『「人の移動と二一世紀のグローバル社会」韓国班調査報告書』第4冊　琉球大学「人の移動と二一世紀のグローバル社会プロジェクト」
二〇一二b「褌に帯の島相撲」『「人の移動と二一世紀のグローバル社会」韓国班調査報告書』第5冊　琉球大学「人の移動と二一世紀のグローバル社会プロジェクト」
二〇一二『沖縄側から見た奄美の文化変容』第一書房
二〇一五「伊仙町における村落の空間構造」伊仙町地域文化遺産総合活性化実行委員会編『伊仙町の文化遺産―伊仙町における奄美遺産悉皆調査報告書―』伊仙町
二〇一八「兼久のマージマ（島相撲）」天城町文化財活性化実行委員会編『天城町「文化遺産」調査報告書（1）兼久採集手帳』天城町

津波高志・藤野純平
二〇一〇「イモ類と年中儀礼」大和村誌編纂委員会編『大和村誌』大和村
徳之島町誌編纂委員会編
一九七〇『徳之島町誌』徳之島町
中西遼太郎
二〇〇七「奄美大島における臨海集落の空間構成―大和村の事例―」平岡昭利編著『離島研究Ⅲ』海青社
仲松弥秀
一九七二「村と生活」琉球政府編『沖縄県史』第二二巻
『日本近世生活絵引』奄美・沖縄編編纂共同研究班編
二〇一四『日本近世生活絵引　奄美・沖縄編』神奈川大学日本常民文化研究所
野口才良
一九八八「年中行事」与論町誌編纂委員会編『与論町誌』与論町教育委員会
昇曙夢
一九四九『大奄美史―奄美諸島民俗誌―』奄美社
長谷川明
一九九三『相撲の誕生』新潮選書
本田碩孝
一九八〇住用村教育委員会編『奄美大島住用村和瀬民俗誌』住用村

町田　末吉
一九八八　「社会教育」与論町誌編纂委員会編『与論町誌』　与論町教育委員会
松下　志郎
一九八三　『近代奄美の支配と社会』　第一書房
宮本常一・原口虎雄・比嘉春潮編
一九六八　『日本庶民生活史料集成第一巻　探検・紀行・地誌（南島篇）』　三一書房
村山輝志・木原紀幸
一九九七　「奄美大島におけるスポーツの基盤―相撲を中心とした組織と行事―」『武道学研究』一〇巻一号
八木橋伸浩・栄和香
一九九九　「豊年祭と相撲―鹿児島県大島郡宇検村田検集落の事例から―」『玉川学園女子短期大学紀要論叢』第二十三号
山名　洋平
二〇〇五　「大棚の神役組織と年中祭祀」『大和村の民俗　大和村誌資料集2』　大和村
義原　福慶
一九七八　「伊仙町の自然社会環境」　伊仙町誌編さん委員会編『伊仙町誌』　伊仙町
吉満　義志信
一九六四（一八九五）『徳之島事情』名瀬市史編纂委員会編『奄美史談・徳之島事情』　名瀬市役所

あとがき

二〇一二年に、私は『沖縄側から見た奄美の文化変容』（第一書房）を上梓した。その書では薩摩・鹿児島の影響下で奄美の文化がどのように変化したのかを示す材料の一つとして相撲を取り上げた。奄美には相撲好きな方々が多く、その後、相撲に関する多くの情報が寄せられた。そこで、それを整理検討し、前著で十分に掘り下げることの出来なかった点を中心に、今年まで再調査を行ってきた。

その結果、二つの点が明らかになった。一つは前著の「土俵」に関する記述に訂正すべき箇所があること、もう一つは依拠した資料の地域的な偏りを是正すべきことである。訂正すべき点を訂正し、是正すべき点を是正した上で、改めて奄美の相撲の歴史と民俗に関して全面的に書き直してみたい、というのが本書執筆の動機である。最後に、それらについて少し触れておきたい。

訂正すべき箇所は、戦後の広域相撲と北奄美の集落相撲の双方に一点ずつある。いずれも土砂俵から土俵への変化についてである。

広域相撲に関しては、「協会相撲も祭典相撲も大会が開かれるたびに、土を盛って土俵を造った」

とし、戦後はずっと「土の土俵」が使われていたとの理解に立っていた（一二五頁）。しかし、実際に参加した「力士」達によれば、協会相撲では俵の内側に砂を分厚く敷き詰めた土砂俵が用いられていたのである。そして、土砂俵が今日のような土俵に変わったのは、昭和三一（一九五六）年の祭典相撲以降だったのである。

集落相撲に関しては、戦後じきは砂俵で、「大まかな捉え方をすれば、昭和三〇年代の初め頃、……砂俵から土俵に変わった」とした。しかも、土砂俵は「今のところ湯湾以外の事例は知り得ていない」ともした（一二九頁）。つまり、集落相撲における土砂俵を例外的に扱い、一般的には砂俵から土俵へ変化した、としたのである。しかし、再調査を重ねた結果、戦後じきの集落相撲では砂俵が用いられ、その後昭和三〇年前後に土砂俵に変わり、さらに昭和四〇年前後に土俵に変わった事例も各地にあったことが判明したのである。

資料の地域的な偏りの是正は、北奄美の喜界島、および南奄美三島に関してどうしても必要であった。以前の資料は圧倒的に大島に偏っており、奄美全域のイメージもそれに沿ったものになっていたのである。

改めて入手した資料を検討し、私自身が驚いてしまった。特に、喜界島がまるで「土俵」の博物館のような島であること、徳之島の伝統的島相撲が大正期において折衷的島相撲と伝統的大和相撲に二分して変化していたこと、沖永良部島の和泊では大正末期から伝統的大和相撲が導入され始めていたことなどは、大島に偏っていた私自身のイメージをすっかり拭い去り、一新させたのである。

それと同時に、「結局、琉球弧における今日的な相撲の分布状況を生み出した根本的な原因は、薩摩侵攻によってなされた奄美と沖縄の間の政治的線引きだったのである」(一四五頁)とする私の捉え方に間違いはなく、むしろその感を強くしたことも付け加えておきたい。

私の奄美の相撲に関する研究の出発点は、再三再四引用した昇曙夢の戦後じきの著作である。先行研究の有り難さを感じつつも、新しい知見を幾つか加えることが出来たことに正直ホッとしている。それも快くインタービューに応じて下さった話者の方々、および話者の紹介その他、いろいろとお世話頂いた皆さんの御陰である。感謝の意を込めて、本文では可能な限り実名を挙げさせて頂いた。また、「地図1　奄美諸島の位置」と「地図2　調査地その他」は二〇一二年の拙著同様、渡久地健氏に作成して頂いたものである。記して、感謝申し上げます。

本書には多数の写真や図、地図などが用いられている。そのスキャンや割り付け、情報の修正や記入など、細かな作業を沖縄タイムス社出版部の友利仁氏にお願いした。面倒で忍耐の要る作業を引き受けて頂いた友利氏に深く感謝申し上げます。

本書は学術的な動機によって執筆されたのであるが、一般読者にも読んで頂けるように、可能な限りやさしく書いたつもりである。特に、奄美の相撲好きな方々には是非ともご一読をお願いしたい、と願っている次第である。

二〇一八年一〇月吉日　那覇市首里の自宅にて

津波　高志

【ハ・ヒ・フ・ホ】

【マ】

【ミ】

【ム・モ】

【ナ】

【ニ・ノ】

【シ】

【ス】

【カ】

【キ】

【ク・ケ・コ】

【サ】

索　引

1．本索引は主に地名と人名および重要語句を抽出し，五十音順に配列したものである。
2．ノンブル（頁数）の後の f は次頁，ff は次々頁またはそれ以降にも出現することを，それぞれ示している。
3．「→」は同義語，または参照すべき項目を示している。

著者略歴

津波　高志（つは・たかし）

1947年　沖縄県に生まれる。

1971年　琉球大学法文学部卒業

1978年　東京教育大学文学研究科博士課程単位取得退学（史学方法論民俗学専攻）

2012年　琉球大学法文学部教授定年退職

現　在　琉球大学名誉教授

著　書

単　著　『沖縄社会民俗学ノート』（第一書房　1990）
『ハングルと唐辛子』（ボーダーインク　1999）
『沖縄側から見た奄美の文化変容』（第一書房　2012）

共　著　『変貌する東アジアの家族』（早稲田大学出版部　2004）
『大和村誌』（大和村　2010）
『東アジアの間地方交流の過去と現在』（彩流社　2012）
その他多数。

奄美の相撲―その歴史と民俗―

2018年11月15日　印刷
2018年11月27日　発行

著　　者　津波高志
発行者　武富和彦
発行所　沖縄タイムス社
〒900-8678　沖縄県那覇市久茂地2-2-2
電話 098(860)3591　FAX098(860)3591
印　　刷　株式会社アント出版

乱丁・落丁本はお取替えします．価格はカバーに表示
ISBN978-4-87127-256-8